民國歷史與文化研究

十 三 編

第 6 冊

《上海漫畫》研究（1928～1930）

楊若男、楊立新 著

花木蘭文化事業有限公司

國家圖書館出版品預行編目資料

《上海漫畫》研究（1928～1930）／楊若男、楊立新 著 -- 初
版 -- 新北市：花木蘭文化事業有限公司，2021〔民110〕
目 4+270 面；19×26 公分
（民國歷史與文化研究 十三編；第6冊）
ISBN 978-986-518-479-7（精裝）
1. 漫畫 2. 讀物研究
628.08   110010856

ISBN-978-986-518-479-7

9 789865 184797

民國歷史與文化研究
十三編 第六冊   ISBN：978-986-518-479-7

《上海漫畫》研究（1928～1930）

作　　者　楊若男、楊立新
總 編 輯　杜潔祥
副總編輯　楊嘉樂
編　　輯　許郁翎、張雅淋、潘玟靜　美術編輯　陳逸婷
出　　版　花木蘭文化事業有限公司
發 行 人　高小娟
聯絡地址　235　新北市中和區中安街七二號十三樓
　　　　　電話：02-2923-1455／傳真：02-2923-1452
網　　址　http://www.huamulan.tw 信箱 service@huamulans.com
印　　刷　普羅文化出版廣告事業
初　　版　2021 年 9 月
全書字數　138385 字
定　　價　十三編 9 冊（精裝）台幣 25,000 元

《上海漫畫》研究（1928～1930）

楊若男、楊立新　著

作者簡介

楊若男，新聞學碩士，2020 年 6 月畢業於中國社會科學院研究生院。現為中國建設報編輯、記者。曾作為編委會成員參與方漢奇教授主持的《中國新聞事業編年史（第二版）》的編撰工作，發表新聞學論文十餘篇。

楊立新，新聞學、書法學雙博士，先後畢業於中國人民大學新聞學院、首都師範大學中國書法文化研究院，分別師從於方漢奇先生、歐陽中石先生。現為人民日報總編室一讀室主任，高級編輯；河北大學文學院客座教授。中國文字學會理事、中國作家協會會員、中國書法家協會會員、中國文藝評論家協會會員、中國紅樓夢學會會員、中國文物學會會員、中華美學會會員、中國語言學會會員、中國新聞史學會會員、中國編輯學會會員、中華詩詞學會會員、中國楹聯學會會員。出版有《錯字的尖叫》、《楊守敬書法思想研究》、《「左」傾錯誤時期的〈人民日報〉》、《習近平用典（第一輯）》（典故釋義作者）、《習近平用典（第二輯）》（典故釋義作者）等著作，發表各類學術論文四百餘篇。

提　　要

《上海漫畫》創刊於 1928 年 4 月 21 日，是一本以漫畫為主，融攝影、美文、藝術信息為一體的都市消遣週刊，1930 年 6 月 7 日發行至 110 期後因與《時代畫報》合併而停刊。《上海漫畫》是中國近代漫畫大發展的重要標誌之一，通過大量圖像高度還原了 20 世紀二三十年代的上海社會和市民生活，反映了現代化進程中上海的文化走向和社會觀念的劇烈變遷，見證並參與了中國漫畫與漫畫刊物的現代性轉型。

本書從新聞史與美術史兩個視角對《上海漫畫》（1928 年 4 月 21 日～1930 年 6 月 7 日）進行專題研究，探析其編輯方針、版面編排、內容取向及繪畫風格和特點，重點選取封面畫、新聞漫畫、社會風俗漫畫、長篇連環漫畫、時裝漫畫五種典型漫畫樣式進行分析研究，同時考察漫畫創作的視覺修辭方式，以期進一步確立《上海漫畫》在中國報刊史和中國漫畫史中的重要地位。

謹以此書獻給楊若男的奶奶、
楊立新的母親──郭淑秀

目

次

緒　論

第一節　研究背景和研究意義

一、研究背景

    在中國近現代歷史上，上海是一個身份特殊的城市，而 20 世紀二三十年代的上海則處在向現代化都市邁進、中西文化交匯、消費文化盛行的特殊時期。《上海漫畫》創辦於這一時期，並成為這一時期上海歷史的忠實記錄者。

    中國近代漫畫是中國傳統繪畫順應歷史與時代要求，符合大眾審美的繪畫藝術，也是學習西方先進文化與科學技術的產物。上海自 1843 年開埠以來，五方雜處，兼容並蓄，各種異質文化在此衝撞融合，交互發展。「西方繪畫在東土的傳播，最先的登陸地是上海，五四新文化運動以後，便深深地紮下了根。」〔註 1〕西洋繪畫技法的移植對民國時期的上海畫家產生了較大影響。漫畫植根於這片奇特土壤，以簡單、流暢的線條抒寫著老上海的都市生活和平民趣味，以中西合璧、古今交融的審美觀反映上海的城市變遷，以寫實求真的藝術特色和服務市民的創作宗旨體現中國傳統繪畫向現代繪畫的轉變。

    1928 年 4 月 21 日，由張光宇、張振宇兄弟牽頭，邀約黃文農、魯少飛、葉淺予參加，組成 5 人編輯班子，《上海漫畫》創刊面世。《上海漫畫》為四

〔註 1〕《上海百年文化史》編纂委員會：《上海百年文化史（第二卷）》，上海科學技術文獻出版社，2002 年版，第 897 頁。

開小報，每週一期，1930 年 6 月 7 日發行至 110 期後因與《時代畫報》合併而停刊。《上海漫畫》是集漫畫、攝影、國內外藝術作品介紹及部分論文為一體的綜合性畫報。此外，每期還刊載大量與服飾有關的廣告。

上海是中國現代漫畫的搖籃，故而以「上海漫畫」命名報刊就成了創辦者的慣常選項。在中國現代漫畫發展史上，先後有 3 種創辦於不同時期的《上海漫畫》。第一個是以中國美術刊行社名義出版的《上海漫畫》週刊（四開），共出版 110 期（1928 年 4 月 21 日至 1930 年 6 月 7 日）。此前，曾有一個由王敦慶提議並聯合黃文農、葉淺予參與的《上海漫畫》「處女作」（葉淺予語），1928 年 1 月 20 日印製後卻胎死腹中，未能發行。〔註2〕第二個是 1936 年 5 月上海獨立出版社發行的《上海漫畫》月刊（十六開），由張光宇主編，至 1937 年 6 月共出版 13 期。雖然兩者在開本和內容範圍上有所區別（前者為報、後者為刊），但其主事者卻有密切關聯，在精神、風格上一脈相承，同時後者的刊名「上海漫畫」仍沿用前者由張光宇設計的立體字圖案。只是《上海漫畫》月刊後出轉精，「編排和內容比前大見進步，尤其是後者更為活潑」〔註3〕。另外，《上海漫畫》月刊為通俗畫刊，除了刊登諷刺性和幽默感的漫畫外，還登載一些茶餘飯後的閒聊小品文和笑話，圖文互見，相得益彰，與《上海漫畫》週刊較純正的圖畫刊物有所區別。第三個就是 1949 年 1 月由陳青白編著、上海中國圖書雜誌公司發行、民族出版社印行的《上海漫畫》，相較而言，其社會影響就小得多，名頭也幾乎被前兩者專享了。目前學術界對這本《上海漫畫》月刊的研究尚付闕如。

上海是中國漫畫專刊的發祥地，20 世紀初麕集了一大批中國早期漫畫家，成為近現代漫畫大師的搖籃。1918 年 9 月 1 日，中國第一本漫畫專刊《上海潑克》在上海創刊。該刊具有反帝反封建性質，首期封面畫便將諷刺的矛頭指向民國大總統徐世昌等人，但僅發行 4 期便終刊。20 世紀二十年代，中國漫畫進入了早期探索階段，漫畫作為一種新興的藝術門類也從其他畫種中分離出來。這個時期，漫畫在民族化與大眾化等方面進行了可貴的探索，在上海產生了沈泊塵、丁悚、張聿光、江小鶼、馬星馳等一批中國早期漫畫家。之

〔註2〕上海書店出版社出版的影印本收錄了此刊，許志浩在《中國美術期刊過眼錄》中，提到《上海漫畫》「第一期編輯完後，因印刷公司改裝，到 4 月 21 日才正式出版，刊上日期仍標 1 月 20 日」，顯然混淆了前、後兩刊。

〔註3〕黃茅：《漫畫藝術講話》，北京：商務印書館，1943 年版，第 32 頁。

後，在五卅慘案、北伐戰爭的刺激下，一批擅長美術的愛國青年聚攏到一起，於 1926 年底創辦了中國第一個民間漫畫組織——漫畫會，積極投身北伐宣傳。四一二反革命政變後，漫畫會與革命脫節，其主要成員張光宇、張振宇、葉淺予等人又於 1928 年春季創辦了《上海漫畫》週刊，前後出版兩年多時間。

　　《上海漫畫》是 20 世紀上半葉中國最為成功的漫畫專刊之一，在中國報刊史和中國漫畫發展史上佔有舉足輕重的地位。其刊登的漫畫多達 1319 幅，畫面生動幽默，捕捉輿論熱點，記錄上海的流行文化與社會現象，以圖像實現報刊的評議功能。豐富的圖像連綴成上海社會文化的地圖，它們不僅對探尋民國漫畫專刊的發展軌跡有著重要的參考價值，也為瞭解上世紀二三十代上海地區的風俗人情、政治關係、社會變遷等方面提供了豐富的研究資料。1931 年，葉淺予等將《上海漫畫》發表的作品選編成漫畫集《漫畫大觀》，他在序言中說：「這個刊物（指《上海漫畫》）生命的長大與消逝，可以說是漫畫的藝術的全盛時期，而同時卻是我們的萌芽時代的結束。這是一個很重要的關節。」〔註4〕在《上海漫畫》休刊後，標誌著中國漫畫邁向成熟的漫畫專刊陸續創刊，流光溢彩的漫畫「黃金時代」到來了。在這個過程中，《上海漫畫》起到了開創者與引領者的作用。《上海漫畫》在成長中逐步完善商業化運作與生產機制，在發揮獨特的信息功能、宣傳功能的同時，給上海市民帶來了視覺盛宴；同時，漫畫家們也以刊物為陣地，不斷創新與改進漫畫的藝術表達形式，推動中國漫畫事業的發展。

二、研究意義

　　要想對 20 世紀二三十年代的上海社會有所瞭解，圖像史料是最好的承載體和路徑。目前有關民國上海圖像史料的研究集中於攝影照片，帶有藝術性與紀實性的繪畫作品較少受到關注。繪畫藝術源於生活，高於生活，畫家在藝術創作中雖有想像和創造，但也必須建立在現實生活的基礎上，對當時的社會風貌有所記錄。彼得·伯克在《圖像證史》中肯定了繪畫的史料作用：「許多畫家都可以稱作社會史學家，理由是他們製作的圖像記錄了形形色色的社會行為。」〔註5〕在今天看來，也許《上海漫畫》的很多漫畫作品已失去

〔註4〕葉淺予：《漫畫大觀》，選自黃茅《漫畫藝術講話》，上海：商務印書館，1947年版，第 90 頁。

〔註5〕〔英〕彼得·伯克：《圖像證史》，楊豫譯，北京大學出版社，2008 年版，第139 頁。

了新鮮氣息，卻成為記憶化石折射出那個時代曾經的光彩，使我們能夠重見那個時代上海的歷史。作為上世紀二十年代末三十年代初最具代表性的漫畫專刊之一，《上海漫畫》既在幫助探尋民國畫報發展軌跡方面有著重要的參考價值，又在研究20世紀二三十年代上海地區的風俗人情、政治關係、社會面貌等方面具有重要的史料價值和研究意義。

另外，《上海漫畫》對當代漫畫藝術創作和動漫產業的發展有著重要的借鑒作用。特別是在外來動漫衝擊下，當代漫壇引進、模仿、抄襲之風盛行，我國動漫藝術家只有充分瞭解中國近現代漫畫向西方學習的歷程，並且真正認識到民族藝術的精髓所在，才能在東西方文化融合過程中，實現中國漫畫的創造性轉化與創新性發展。中國近現代漫畫是中西藝術融合的產物，在保留民族特徵、對西方漫畫有所借鑒的基礎上，形成了獨特的藝術風格。《上海漫畫》便是個滿載寶藏的「沉船」，等待有心人去打撈、解讀和研究。我們不僅要充分挖掘《上海漫畫》的藝術風格、成功經驗，還要研究其侷限性和不足，這才是歷史唯物主義的科學態度。

第二節　研究現狀

一、民國漫畫專刊與《上海漫畫》研究現狀

漫畫屬於報刊藝術，早期漫畫賴以生存的物質條件主要是報刊。畢克官《中國漫畫史話》認為「中國現代派美術以漫畫為先鋒」〔註6〕。但毋庸諱言，漫畫在一些人眼中仍被視為小畫種，美術史學界對其關注度和重視度還遠遠不夠，目前學界對近代報刊漫畫發展史的專項梳理仍難得一見。漫畫是使用虛構、誇飾、比喻、象徵、假借等不同手法描繪圖畫以敘述的一種視覺藝術形式。漫畫的評議性使其在功能上與新聞有相通之處，用漫畫的形式來報導新聞、發表評論的新聞漫畫，自近代新聞事業誕生以來就獲得長足發展，在新聞傳播領域自成一格，只是在傳統觀念影響下，新聞漫畫被視為報刊的配角或美術中的「小道」，很長一段時間裏沒有得到學界應有的重視。

近年來，隨著學術研究領域的不斷拓展，特別是在圖像研究熱潮的推助和帶動下，新聞漫畫所具有的敘事功能和文獻紀錄價值，漸入學人法眼，許

〔註6〕畢克官：《中國漫畫史話》，百花文藝出版社，2005年版，第132～143頁。

多塵封已久的新聞漫畫也被重被提起，作為新聞史敘述的新資料或線索而受到關注，並出現了一批有分量的專題研究成果。目前，學界對於民國畫刊的研究主要集中在《點石齋畫報》《北洋畫報》《良友》畫報等知名的大型綜合畫報，對於民國漫畫專刊的研究相對比較薄弱。總體而言，以時間脈絡展現中國漫畫發展史與畫刊發展史的研究比較多，如《中國漫畫史》（甘險峰，2008年）、《中國近代畫報的歷史考略──以上海為中心》（吳果中，2007年）。也有不少研究突出漫畫的新聞性，將其視為新聞的一個品種，從歷史角度審視漫畫專刊發展流變的歷程，如《中國新聞漫畫》（劉一丁，2004年）、《中國新聞漫畫發展史》（甘險峰，2018年）、《中國近現代漫畫新聞史》（胡正強，2018年）。以漫畫專刊為對象的個案研究相對較少。其中，對民國時期發行時間最長、影響力最大的漫畫專刊《時代漫畫》研究比較多，如《〈時代漫畫〉與中國漫畫的現代主義書寫（1934～1937）》《重構現代性：從〈時代漫畫〉到「時代漫畫」》等。很多具有社會科學研究價值的漫畫專刊仍有待被挖掘，如反映紅軍長征的《西行漫畫》、反映老上海生活的《漫畫生活》，以及中國漫畫早期探索時期的著名漫畫專刊《上海漫畫》。

　　目前，關於《上海漫畫》的研究多零散分布於上海漫畫史研究的個別章節中，研究內容也較為雷同。例如，《中國漫畫史》（甘險峰，2008年）第四章第三節：第一個漫畫家團體──漫畫會，《視覺文化視野下的上海漫畫藝術研究》（俞瑋婭，2012年）第二章第一節：承前啟後的20年代上海漫畫。對於《上海漫畫》的個案研究多是從服飾視角出發，從其漫畫作品與攝影照片中對上海服飾的變遷進行研究，如《圖像「更衣記」──〈上海漫畫〉中服飾圖像的敘事解讀（1928～1930）》《從〈上海漫畫〉看雲裳公司對民國上海女裝時尚的影響》。此外，還有學者以《上海漫畫》的傳播內容為研究對象，探究上海在都市社會發展中的兩性關係與中國早期漫畫專刊中的國家認同，如《上海漫畫中的性別與都市想像──以〈上海漫畫〉和〈時代漫畫〉為中心的考察》。

　　對於《上海漫畫》的研究既屬於新聞史研究範疇，也屬於美術史研究範疇，目前尚沒有學者從新聞史或美術史的視角對其進行系統研究。雖然，「漫畫在繪畫行列中是雕蟲小技，自來不登大雅之堂」〔註7〕，但當下的中國正進入一個「讀圖時代」，通過大眾媒介出版並傳播的圖像充斥於社會生活的方方

〔註7〕葉淺予：《細敘滄桑記流年》，中國社會科學出版社，2006年版，第327頁。

面面。無論從藝術史發展的層面，還是從大眾媒介、現代視覺技術發展史的角度來看，《上海漫畫》都是追溯當下視覺文化源頭的珍貴文獻資源。本書試圖從視覺修辭視角出發對《上海漫畫》進行系統研究，以期彌補這一空白。從中國新聞史的視角來看，《上海漫畫》的研究不僅有助於豐富媒介個案的研究成果，也有助於加深學界對近代上海漫畫行業媒介生態環境的瞭解。此外，在「讀圖時代」，視覺文化不斷參與到大眾文化的建構中來，《上海漫畫》雖然年代稍遠，但作為中國早期畫刊與現代漫畫的先驅探索者，其內容形態與編輯策略對當代媒體發展建設仍具有重要的借鑒意義。從中國美術史的視角來看，對《上海漫畫》的研究意義也非同一般。有學者認為以張光宇為代表的 20 世紀三十年代漫畫家是現代主義藝術家，他們的漫畫是現代主義藝術，並稱張光宇為「中國現代藝術的先驅」「中國現代藝術的開端」〔註8〕。畫家郁風曾高度評價三十年代的漫畫：「中國的現代美術是從三十年代上海的漫畫開始的，漫畫成為打開局面的先鋒。」〔註9〕這就意味著，在中國現代美術發展歷程中，這一時期的漫畫家已經是以一定的文化自覺，在創作中熟練地運用立體主義等現代主義元素，並將這些現代主義元素與中國傳統文化因素相結合，起到了開宗立派的作用。

二、視覺修辭的研究現狀

　　得益於新修辭學的發展，上世紀六十年代，視覺文本進入修辭學的視野，視覺修辭理論應運而生。1964 年，法國學者羅蘭·巴特在《圖像的修辭》一文中借用傳統語言學的修辭手段對視覺圖像進行分析。這篇最早解釋「視覺修辭」的文章也被後來學者評價為視覺修辭理論的開端。因為視覺符號的普遍性與修辭性，誕生之初用於廣告圖像研究的視覺修辭逐漸發展為一個被廣泛應用的跨學科理論。2000 年後，視覺修辭理論開始頻繁出現在西方學界。在這一時期，國內學者也開始了對視覺修辭的研究。在知網以「視覺修辭」為關鍵詞進行檢索，共檢索出中文文獻 212 篇，剔除無用文獻為 204 篇。從 2012 年突破個位數到 2019 年達到 40 篇，國內學者對視覺修辭理論的研究逐年遞增。論文大致分為兩大類：理論研究（32 篇）與理論應用研究（172 篇）。

〔註 8〕 令父、鄒文：《張光宇：中國現代藝術運動的一代宗師——張光宇藝術回顧展暨研討會綜述》，《美術》1993 年第 7 期，第 14～18 頁。
〔註 9〕 見郁風寫給張仃夫婦的信，《裝飾》紀念張光宇特刊，1992 年第 4 期。

理論應用研究多為個案研究，小部分研究以某一類視覺符號為研究對象。其中，理論應用的研究對象以廣告（42 篇）、影視作品（50 篇）、新聞產品（33 篇）為主。

在這 204 篇論文中，發其嚆矢的為《視覺修辭理論的開創——巴特與都蘭德廣告視覺修辭研究初探》（馮丙奇，2003）。文章在對開創者早期論文分析的基礎上，得出了視覺修辭理論早期的研究範式。雖然這篇文章在向國內引進視覺修辭理論上具有重要意義，但文章侷限於視覺修辭理論早期的廣告學視域，更多是對他者的理論介紹，並沒有自身的理論創新。國內最早開始對視覺修辭進行系統研究與理論創新的學者是暨南大學新聞與傳播學院教授劉濤，他認為視覺修辭既是一種認識論，也是一種方法論，還是一種實踐論。就方法論而言，視覺修辭包括視覺形式分析、視覺話語分析、視覺文化分析三個基本的分析觀念及相應的操作方法。其中，視覺形式分析是一種在圖像學維度上揭示視覺要素的前圖像志研究；視覺話語分析旨在揭示視覺文本的寓意體系與話語內涵；視覺文化分析旨在揭示視覺文本生產的文化密碼與實踐形態，即彼得・伯克所說的「圖像是如何講故事的」〔註 10〕。此外，西北師範大學傳媒學院教授李紅基於中國文化中「勢」的獨特範疇，提出一種本土化的視覺修辭分析的新範疇——「視覺之勢」，將研究重點從視覺文本的表意方式轉移到關注其外在運行的「引發力」上來〔註 11〕。

從新聞史視角出發的視覺修辭應用領域研究僅有 2 篇，為《〈世界畫報〉的傳播內容研究》（尚圓圓，2017 年）、《圖繪「西醫的觀念」：晚清西醫東漸的視覺修辭實踐——兼論觀念史研究的視覺修辭方法》（劉濤，2018 年），這方面的研究還十分欠缺。英國文化史家巴克森德爾認為畫家必須從諸多資源和可能性中做出選擇，因此繪畫主要是一種「修辭行為」。可見，在漫畫研究中，視覺修辭理論視角還是十分適用與重要的。此外，受語言修辭的束縛，國內學界在視覺修辭應用領域的研究大多停留在「空間語法」的層面。大多數學者在研究中習慣用文字的線性邏輯處理空間性的圖像，忽略了視覺元素的空間性與非敘事性。同時，由於不同研究者有自己偏愛的解釋框架導致這

〔註 10〕劉濤：《圖繪「西醫的觀念」：晚清西醫東漸的視覺修辭實踐——兼論觀念史研究的視覺修辭方法》，《新聞與傳播研究》2018 年第 11 期，第 45～68 頁。
〔註 11〕李紅：《再論視覺之勢：傳統、內涵及其合法性——基於中西比較的視野》，《南京社會科學》2019 年第 2 期，第 134～140 頁。

類研究缺乏嚴謹性。有鑑於此，本文試圖在對《上海漫畫》的研究中運用視覺修辭的研究範式以期突破這一侷限，但因水平所限，文章可能有錯誤和不足之處，敬請學界同仁批評指謬。

第三節　研究方法

　　本文選取《上海漫畫》進行個案研究，就畫報的創刊背景、主創團隊、發展歷程、畫報文本、視覺修辭策略等內容進行研究與分析。在研讀《上海漫畫》及其他歷史數據與研究數據的基礎上，輔之以定性分析，盡可能得出較為客觀科學的研究結論。在具體研究過程中，將運用以下三種方法：

一、文獻研究法

　　研究文獻主要以 110 期《上海漫畫》文本為主，同時以近代漫畫及漫畫家為研究對象的著作和論文作為補充。另外，上海書店出版社於 1996 年出版的《上海漫畫》影印版，全國報刊索引數據庫和大成老舊刊全文數據庫為本課題研究提供了可靠的一手資料。

二、量化分析法

　　為更好地研究畫報的內容、形式與風格，在研讀《上海漫畫》基礎之上，通過統計分析《上海漫畫》中的漫畫類型及作者的數量及占比，分析其發展規律與編輯策略，以便使研究結果更加客觀準確。

三、視覺修辭研究法

　　由視覺符號構成的漫畫，其敘述方式與敘述邏輯皆由圖像主導。漫畫家通過色彩、線條、形狀、文字的組合與布局建構出一種幽默、諷刺、辛辣、奇趣的視覺框架。由視覺框架創建的視覺認知體系借助符號與視覺途徑引導著漫畫的觀者在品讀漫畫的同時，接受漫畫家傳達的可視化思維、觀念與意義。在漫畫的表徵體系中，視覺框架規範下圖像化出場的人物與意義蘊含著修辭本質。與語言修辭不同，視覺修辭在視覺意義上具有戲劇性與作用力，並強調對修辭意象的構造實踐〔註 12〕。在漫畫的視覺修辭實踐中，修辭對象是漫

〔註12〕劉濤：《西方資料新聞中的中國：一個視覺修辭分析框架》，《新聞與傳播研究》
　　　2016 年第 23 期，第 5～28 頁。

畫家筆下的圖像與文字。如何選擇與組織圖文，運用色彩與漫畫形式，進行「他者」的視覺生產，並產出具有勸服性的話語是修辭的目的。

　　視覺修辭包括視覺形式分析、視覺話語分析、視覺文化分析三個基本的分析觀念及相應的操作方法。〔註 13〕視覺形式分析根據圖像的符號構成揭示其中的編碼原理；視覺話語分析關注製圖者與觀者間的信息交互及圖像的意義生產；視覺文化分析著眼圖像的歷史背景、民族文化，關注其中隱藏的文化密碼。本書的第三章至第七章對《上海漫畫》的漫畫圖像進行具體分析，根據漫畫內容與形式將其分為封面畫、新聞漫畫、社會風俗漫畫、連環漫畫和時裝漫畫。在分析中，從視覺修辭的三個基本分析觀念出發，嘗試回到《上海漫畫》創作的歷史語境中，分析漫畫中的元素構成、話語內涵及視覺敘事方法，探究《上海漫畫》的內容特點和形式語言。第八章基於視覺修辭理論，從語圖關係、修辭方式、整體視覺印象三個方面，探究《上海漫畫》在實現漫畫現代性轉型過程中的視覺修辭實踐。

〔註 13〕劉濤：《圖繪「西醫的觀念」：晚清西醫東漸的視覺修辭實踐——兼論觀念史研究的視覺修辭方法》，《新聞與傳播研究》2018 年第 25 期，第 45～68 頁。

第一章 中國早期漫畫活動與《上海漫畫》的創辦

　　上海是近代中國半殖民地半封建社會歷史的縮影。20世紀初，在政治更迭、思想啟蒙、中西文化碰撞的特殊歷史時期，上海這片「化外之地」作為西學東漸最早的港口之一誕生了中國早期漫畫。「在中國這個特殊的長期牢固的封建文化基礎上，隨著外國商業資本的侵入，上海剛剛興起市民文化，漫畫首先以尖銳潑辣的新姿態，依靠印刷傳媒，迅速打開了局面。」〔註1〕毋庸諱言，這在一定程度上得益於租界為上海報刊提供的相對寬鬆自由的生存環境。

　　我國早期漫畫刊物多創辦於上海，漫畫家也多出自上海。上海不僅誕生了中國歷史上第一本漫畫專刊《上海潑克》，第一個漫畫團體漫畫會，而且在中國漫畫史上有著舉足輕重地位的《上海漫畫》《時代漫畫》也均創辦於此。在西方列強的堅船利炮下，上海漫畫與中國民主革命、中國現代化進程一起逐步成長起來。《上海漫畫》聯絡了一大批漫畫家，造就了整整一代中國漫畫界的中堅力量，也促成了以上海為中心的中國漫畫圈。

第一節 中國早期漫畫活動

　　漫畫是一種運用象徵、變形、比擬、暗示、映像等方法，用簡單而誇張的手法來描繪生活和時事，構成詼諧幽默的畫面或畫面組，以取得諷刺或歌頌效果的藝術形式。關於漫畫的定義，著名漫畫家豐子愷認為：「漫畫是簡筆

〔註1〕傅光中編：《歷史上的漫畫》，山東畫報出版社，2002年版，第252頁。

而注重意義的一種繪畫。」〔註2〕此定義概括了漫畫的三個主要特徵：「簡」「意」「繪」。「簡」，表明漫畫為簡筆速寫，卻筆簡而意豐；「意」，表明在這寥寥數筆中包含著豐富而深刻的意蘊；「繪」，則強調漫畫的創作主體，漫畫家用什麼觀念指導創作，以什麼技法表達思想。以上三個特徵決定了漫畫具有很強的現實性、傾向性和群眾性。

與文字相比，圖像更加方便、快捷、生動、直觀，更容易滿足人們的需求，同時還具有直接的審美作用。1920 年 6 月，報史專家戈公振在上海時報《圖畫週刊》發刊導言中指出：「世界愈進步，事愈繁瑣，有非言語所能形容者，必藉圖畫以明之。」「圖畫為新聞之最真實者，不待思考研究，能直接印入腦筋，而引起愛美之感。」良友公司在出版大型畫冊《中國大觀》時提出：「宣揚之道，文字之功固大，圖畫之效尤偉。蓋文字艱深，難以索解；圖畫顯明，易於認識故也。」由此可以看出，當時的新聞出版人深諳圖像在傳播中的作用。

中國漫畫藝術經歷了漫長而曲折的發展歷程，從古代的萌芽期到近代的繁榮期，漫畫始終追隨時代發展的腳步。作為一種具有開放性的藝術，漫畫相對於其他畫種，能夠較快適應外來文化的影響，充分吸收世界繪畫藝術之所長，更好地實現創造性轉化和創新性發展。

一、中國古代漫畫活動

漫畫作為一個畫種，在歐洲出現並流行已有 300 餘年的歷史。在中國，雖然「漫畫」之名直到 1925 年的「子愷漫畫」專欄才廣為世人所知，但漫畫這種藝術形式的雛形在我國古已有之〔註3〕。畢克官《中國漫畫史》將中國漫畫上溯至山東武梁祠的漢畫像石《夏桀》，認為其已具備了漫畫幽默的藝術特點和諷刺的藝術功能。再如被漫畫史家頻繁提及的明朝成化皇帝朱見深的《一團和氣圖》（1465 年），以及中國古代的石刻畫像、木俑陶俑、陶瓷和年畫上的人物等，都帶有漫畫塑造形象時常用的誇張、變形等手法。另外一些文人畫也具有漫畫特徵，如明代李士達的《三駝圖》、清代八大山人的《孔雀圖》，以及「揚州八怪」中黃慎的《有錢能使鬼推磨》、羅聘的《鬼趣圖》等等，描畫物象誇張變形，藉以諷刺當時的社會黑暗。

〔註2〕豐子愷：《漫畫的描法》，湖南文藝出版社，2001 年版，第 4 頁。
〔註3〕此前，把漫畫稱作「諷刺畫」「諧畫」「寓意畫」或「笑畫」。

中國古代漫畫雖然沒有成為一個獨立的畫種，但已具備了漫畫的一些基本元素。從創作目的和社會功能看，中國古代漫畫以鑒戒和諷刺見長。漫畫把社會上的惡人惡事作為諷刺對象，告訴人們什麼是「假」「惡」「醜」，勸誡人們一心向善，從而起到揚善止惡的作用。正如張彥遠在《歷代名畫記》中所說，「夫畫者，成教化，助人倫，窮神變，測幽微，與六籍同功，四時並運」，讓人們「見善足以戒惡，見惡足以思賢」。〔註4〕如現藏於北京故宮博物院的明代畫家李士達的《三駝圖》，描繪了三位相互顧盼的駝背老者，三人形象滑稽，卻在相近的神情姿態中塑造出各自不同的個性。畫面上方有三首題畫詩，其中尤以錢允治的題詩最為有名：「張駝提盒去探親，李駝遇見問緣因；趙駝拍手呵呵笑，世上原來無直人。」作者將「駝背紮堆」的事兒，上升到「世上原來無直人」的哲學高度，揭示了《三駝圖》的諷世主題。

從構思方式和表現手法上看，中國古代漫畫常以物寓人或以鬼喻人，曲折隱晦地諷喻現實。如清代八大山人的《孔雀圖》，畫面上方是四塊倒三角形的險絕石壁，下方兩塊上圓下尖極不穩定的石頭上，蹲著兩隻十分醜陋的孔雀，孔雀尾部拖著殘破的翠翎。畫上有一首意味深長的題詩：「孔雀名花雨竹屏，竹梢強半墨生成。如何了得論三耳，恰是逢春坐二更。」辛辣地諷刺了那些頭戴三眼花翎的漢族官員賣身求榮、投靠新主子的奴才嘴臉。

由此可見，雖然中國古代漫畫沒成為獨立畫種，卻汲取了中國傳統繪畫的精華，形成了自己的獨特傳統。

二、清末民初：漫畫史上第一個高潮

雖然中國古代已有漫畫這種繪畫形式，但真正現代意義上的漫畫的出現，並成為廣為流行的報刊藝術，卻是清末民初的事。清末民初，漫畫作為一個獨立畫種開始登上歷史舞臺，很快便迎來了中國漫畫史上的第一個高潮。其標誌是開創了「三個第一」：第一幅現代漫畫《瓜分中國圖》；第一份專門漫畫刊物《上海潑克》；第一部個人漫畫專集《國恥畫譜》。

清末民初是一個大眾傳媒逐步興盛、圖像傳播混沌初開的時代。「清光緒、宣統年間，引進歐洲石印技術，傳來了西方的諷刺畫；報刊興起，多附有畫刊，也辦了獨立的畫報。」〔註5〕「到1910年，信件、報紙和雜誌在中

〔註4〕黃遠林、畢克官：《中國漫畫史》，文化藝術出版社，1986年版，第11頁。
〔註5〕傅光中編：《歷史上的漫畫》，山東畫報出版社，2002年版，第234頁。

國的流通量是 1901 年的 25 倍。甚至那些不識字的人也盯著廣告和插圖中的新文化圖像看。」〔註6〕當時的報刊美術形式繁多，時事插圖、新聞故事、連環圖畫、名人肖像、古蹟名勝、外國風光、滑稽圖畫以及諷刺畫等等，應有盡有。兼具報導和評議功能的新聞漫畫，也就出現在這一時期的報紙上。

　　光緒二十四年（1898 年），謝纘泰的《時局全圖》被認為是第一幅報刊時事政治漫畫，最初發表在香港《輔仁文社社刊》上。該畫以比喻、象徵手法形象展現了 19 世紀末中國被西方列強肆意瓜分的現狀，分別用熊、犬、蛙、鷹、日、腸代表瓜分中國的俄、英、法、美、日、德帝國主義國家，充分體現了漫畫的思維方式與表現手法。1903 年 12 月，蔡元培、章士釗主辦的上海《俄事警聞》又用木刻技法臨摹並簡化了該圖，並以「瓜分中國圖」為題刊登在該報創刊號上。

　　之後，漫畫漸成各類報刊的常客。諸如《俄事警聞》《廣東白話報》《時事畫報》《神州五日畫報》《時報插圖》《時事新報星期畫刊》《民權畫報》《民呼日報插圖》《民吁日報》《民立畫報》等，都經常刊登新聞漫畫，有的還以漫畫為主。這些漫畫的表現題材十分豐富，諷刺清廷誤國，揭露列強陰謀，刻畫官場怪相，抨擊社會痼疾，展現了漫畫這一藝術形式在新聞報導和時事評論方面的獨特優勢。但在當時，漫畫仍以插畫的配角身份出現在報刊上，直至沈泊塵創辦《上海潑克》（SHANGHAI PUCK，又名《泊塵滑稽畫報》），漫畫才真正成為報刊的主角。

　　沈泊塵（1889～1920 年），原名沈學明，浙江桐鄉人，五四時期具有代表性的漫畫家。1918 年 9 月 1 日，沈泊塵創辦我國第一份漫畫專業期刊《上海潑克》月刊。創刊號封面漫畫是沈泊塵所作的《十年老女猶畫娥眉》，諷刺準備粉墨登場的大總統徐世昌。並刊登《本刊之責任》詳述該刊的辦刊宗旨：「其第一步之責任，即當警惕南北當局，使之同心協力，以建設一強固統一之政府。其第二步之責任，即為竭其能力，為國家爭光榮，務使歐美人民盡知我中國人立國之精神，未嘗稍遜於彼。第三步之責任，即在調和新舊，針砭末俗。」〔註7〕《上海潑克》甫一出版，立即受到社會關注，當時最有影響

〔註6〕〔美〕葛凱（Karl Gerth）著、黃振萍譯：《製造中國：消費文化與民族國家的創建（China Made: Consumer Culture and the Creation of the Nation）》，北京大學出版社，2007 年版，第 38 頁。

〔註7〕畢克官：《中國漫畫史話》，山東人民出版社，1982 年版，第 32 頁。

的《申報》評論說：「《上海潑克》產生以後，社會上亦甚注意，其第一期在長江一帶銷行一萬餘冊。其中中英文著作皆出自一時名手，琳琅滿目，美不勝收，實為近代中國月刊中別開生面之傑作也。」〔註8〕但遺憾的是，《上海潑克》僅出版4期，當年12月即因沈泊塵罹患肺病而停刊。

《上海潑克》的漫畫技巧受英國漫畫雜誌《笨拙》〔註9〕的影響，以西洋黑白畫的風格進行創作。該刊所登漫畫多出自沈泊塵之手，內容以揭露帝國主義和封建軍閥為主，充滿諷刺鋒芒。其代表作品有：《長蛇猛獸動地來》《南北之爭》《工學商打倒曹、章、陸》《雖不中亦不遠矣》《誰謂中國國民能享受自由幸福耶》等。沈泊塵雖然英年早逝，但在中國漫畫史上具有開拓進取的時代意義，並在漫畫界樹立了學貫中西、勤奮好學、素養全面的榜樣。沈泊塵去世8年後，第18期《上海漫畫》第三版整版刊登沈泊塵的繪畫作品以及丁悚、張光宇的紀念文章。

《上海潑克》創辦後的第二年，但杜宇〔註10〕出版了我國第一本個人漫畫專集《國恥畫譜》，揭露帝國主義侵華的罪惡行徑。這一漫畫集反映了但杜宇面對當時民族危機、國家存亡和各種社會現象的政治態度和愛國之情，每一幅漫畫都體現著作者以漫畫為武器進行抗爭的決心。

近代漫畫是中國處於轉折期時的美術形式，西方的透視原理、光學原理、色彩學、構圖新法等讓中國畫家們在吸取歐洲繪畫藝術風格、技術的同時，重新認識傳統繪畫。他們在風格上依然保留了中國傳統的筆墨技法，充分運用工筆與白描技術，並與西方現代漫畫技法相糅合，形成了具有中國特色的漫畫風格，產生了何劍士、馬星馳、沈泊塵、但杜宇、錢病鶴、張聿光等中國漫畫史上的先驅。

〔註8〕畢克官：《中國漫畫史話》，山東人民出版社，1982年版，第117頁。

〔註9〕當時英國有一本風行世界的幽默期刊PUNCH（即《笨拙》雜誌），中文譯為「潑克」。《笨拙》雜誌1841年由英國著名幽默作家梅休等人創辦，該雜誌首次使用卡通（cartoon）一詞。1992年4月8日停刊，共出版151年。

〔註10〕但杜宇（1897～1972年），漫畫家、導演、編劇、攝影師，畢業於上海美術專科學校。除在上海各報刊發表漫畫外，也為《小說新報》《新聲雜誌》作插圖。善作時裝美女畫、「月份牌」畫，出版有《百美圖》《美人世界》等畫集。後轉入攝影和電影界，1920年創立上海影戲公司，自編、自導、自攝、自洗印的故事影片《海誓》，為我國早期三部長故事影片之一。從事電影事業18年，晚年移居香港。

三、「黃金十年」：漫畫史上第二個高潮

「黃金十年」（Golden Decade）是指 1927～1937 年間建都於南京由中國國民黨領導的國民政府執政時期，又稱南京十年、十年建設。在此期間，中華民國在政治、外交、軍事、經濟、文化、教育、社會、邊疆民族政策等施政各方面都取得一定成就，整體為現代中國較高水平。政治方面，以蔣介石為首的國民黨逐步建立起了相對穩定鞏固的一黨訓政體制，同時各派政治勢力競逐爭鬥，並導致中原大戰與國共內戰等戰事。

經過十年的醞釀和準備，此時的中國漫畫以上海為中心，進入了一個新的高潮。這個高潮以刊物多、作品多、作者多、專集多「四多」為標誌。對此，美術理論家朱金樓先生分析說：「30 年代為我國歷史上民族矛盾和階級矛盾極其尖銳的時代，特別是日本帝國主義的步步侵略，到了民族生死存亡的前夜，人們民族意識和愛國熱情高漲；加以上海當時為全國經濟文化中心，文化人知識分子集中的地方，出版事業亦較其他地方為蓬勃；再加上上海社會本身是個『萬花筒』，可以反映的東西特別多，漫畫以其本身的特點，比之其他文藝形態更有利於揭露日本侵略者和反映社會世相，所以它就像雨後春筍一樣地拔地而起。」〔註 11〕這段話不僅探究了 30 年代漫畫繁榮的社會背景，而且從漫畫自身特點闡述其發展的原因。因為漫畫的發表，很少懸諸展廳以供人觀瞻，大多依託報刊等傳播媒體產生社會影響，故新聞出版界與漫畫界實有相依為命之關係。「黃金十年」期間，可說是漫畫界的出版年，在全國出版界中，漫畫刊物呈現了快速的發展。僅上海一地，據不完全統計，就達二十種之多。

這二十種漫畫刊物中，當以《上海漫畫》週刊和《時代漫畫》月刊最具代表性。《時代漫畫》以《上海漫畫》的原班人馬為班底，於 1934 年 1 月在上海創刊，其精神趣旨承襲了《上海漫畫》的遺風，主要以抗日愛國和反映社會下層生活和農村經濟破產等內容為主，至 1937 年 3 月因抗戰終刊，共出版 39 期。《時代漫畫》聚攏了當時一大批著名漫畫家，如魯少飛、張光宇、張正宇、曹涵美、張樂平、葉淺予、華君武、黃苗子、豐子愷、丁聰等，堪稱一代漫畫大師的搖籃。《時代漫畫》針砭時弊，推動抗戰，促進社會進

〔註11〕畢克官：《漫畫的話與畫——百年漫畫見聞錄》，中國文史出版社，2002 年版，第 142 頁。

步，歷時 3 年多，每期發行達萬冊，在當時可謂無出其右。黃茅《漫畫藝術講話》對其這樣評價：「《時代漫畫》到底不像英國的 Punch 有一百歲的高壽，或美國的 Judge 有五十歲的貴庚，不過在這個倒行逆施的時代和『漏屋偏逢連夜雨，破船更遇打頭風』的國家裏，他還能和真理、良知、機智、樂趣、批評和嘲笑的兒女結伴，既不左顧也不右盼地在遠東獨步，在光明的人生旅途上前進。」〔註 12〕《時代漫畫》的創辦，可說是中國漫畫新興的轉機。

第二節　漫畫會的成立和《上海漫畫》的創辦

　　《上海漫畫》誕生於「黃金十年」——中國漫畫史上的第二個高潮期。20 世紀二三十年代，上海的都市發展達到一個高峰，印刷技術的進步，攝影技術的發展，以及整個社會環境的變化，都給中國漫畫報刊的進一步發展帶來了契機。1928 年《上海漫畫》的創辦，在二十年代中國漫畫界青黃不接的時候，起到了承上啟下的作用，推動中國漫畫事業走向又一個高潮。

　　1925 年《三日畫報》的創辦，成為《上海漫畫》的前奏與預演；1926 年底漫畫會的成立，又為《上海漫畫》的創辦做了組織上和人員上的準備。

一、《上海漫畫》的前奏——《三日畫報》

　　1919 年，漫畫先驅但杜宇在出版漫畫集《國恥畫譜》後，便改行做起了電影導演；次年，以諷刺畫著稱的沈泊塵英年早逝。漫畫界主力喪失，漫畫隊伍鬆散，中國漫畫事業自 1923 年之後進入了一個沈寂期，這一狀況直到《三日畫報》的創辦才得以結束。

　　1925 年五卅慘案發生後不久，8 月，張光宇便在上海創辦綜合性畫報《三日畫報》（英文報名為《China camera news》），這是他繼《影戲雜誌》後創辦的第二份報刊。《三日畫報》為三日刊，主要介紹文藝界各劇團、戲種及演員等內容，並登載劇照及演員照片；其中也不乏關注社會與時事的諷刺漫畫，如《東交民巷》《時事竹枝詞》《外交之現象》《中國女子腳之進化》等。多採用圖文形式，有利於提高讀者的閱讀興趣。

〔註12〕黃茅：《漫畫藝術講話》，上海：商務印書館，1947 年版，第 31 頁。

圖 1-1　　《三日畫報》第 1 期

　　創辦《三日畫報》的目的在於揭露鞭撻社會黑暗，以警醒世人。其《發刊詞》由近代戲劇理論家劉豁公以賦體寫就：「海上名流若鯽，報社如林，率而操觚，毋寧擱筆，顧士各有志，不平則鳴。多聞乃可闕疑，千慮寧無一得，爰與同人，刊行斯報，每週再梓，三日為期，界紙為欄。屬辭比事，繪聲繪影，可歌可泣，以皮裏之春秋，狀眼前之人物。文原遊戲，何妨出以新奇；畫固滑稽，要必準乎情理。所寄文壇名宿，美術賢豪，時賜箴規，毋吝珠玉。同聲相應，齊鳴覺世之鐘；吾舌猶存，當說現身之法。」《三日畫報》出版至 1926 年 2 月，共發行 64 期。

　　《三日畫報》為《上海漫畫》的創辦積累了經驗，也為當時年輕的漫畫家們提供了發展的平臺。葉淺予的第一幅漫畫《兩毛錢飽眼福》便刊登於此，從此便一發而不可收，後來成為《上海漫畫》的主力幹將。

二、中國第一個漫畫團體——漫畫會的成立

　　為了振興漫畫事業，1926 年 12 月 18 日，我國第一個漫畫家團體——漫畫會在上海成立，成員有丁悚、張光宇、黃文農、葉淺予、魯少飛、王敦慶、張振宇、季小波、張眉蓀、蔡翰丹、胡旭光 11 人。王敦慶這樣解釋「漫畫會」名稱的由來：「我們先把浪漫派的漫字提出，是針對正規派的。唐·吉訶德是浪漫的。同時，受到日本漫畫評論家岡本一平的影響，索性用日本的稱法。『漫畫』在日本是隨意畫的意思。英國人叫醜像，美國人叫卡通、滑稽畫。我們覺得醜像、卡通都不合適。用舊的滑稽畫等稱法也不好。還是

用漫畫好。」〔註 13〕在王敦慶的策劃提議下，張振宇設計了一枚圓形的「漫龍」會徽，與漫畫會宣言相繼在《三日畫報》上發布。會徽吸收了中國古代磚刻瓦當的藝術特色，以淳古、渾樸、誇張的造型手法塑造了一條中國漫畫神龍，寓意中國這條巨龍已經覺醒，漫畫之龍正在騰飛，彰顯了漫畫會成員與國家共命運、與時代同呼吸的神聖責任感和昂揚向上的戰鬥精神。這也正是漫畫家們創辦漫畫會的初心：以集體的力量，運用漫畫藝術，為祖國的前途而戰鬥。

圖 1-2　漫畫會會徽「漫龍」

應該看到，漫畫會的成立不是偶然的，它是時代的產物。1925 年震驚中外的五卅慘案在上海爆發，1926 年 7 月國民革命軍進行北伐戰爭，並於 1927 年 3 月佔領上海。連年的軍閥混戰，帝國主義列強入侵，促使一批愛國美術青年，立志用畫筆推動社會變革。「當時大家都很苦悶，有幾人正受失業的困擾，集攏一起，勢所必然。」〔註 14〕漫畫會是革命傾向很強的一個團體，其工作綱領為「研究討論漫畫之社會功能；發揮漫畫的社會積極作用；為各報刊畫政治諷刺漫畫；為工廠畫無產者教育畫；為街頭畫政治招貼畫；出版叢書；創辦刊物；傳播漫畫知識」等八項內容，並要求「漫畫會的畫家們的作品要深入街頭和工廠，進行對無產階級的宣傳教育活動」，「以繪畫的武器，積極促進社會革命」。

漫畫會組織、鍛鍊、培養了我國第二代漫畫家。漫畫會成立後，又有陸志庠、曹涵美、萬籟鳴、陳秋草、方雪鴣、胡亞光、胡同光、徐進、沈逸千、黃士英、陳杜也、鄭光漢、陳浩雄、徐詠蓮、魯了了、馮士英等入會。其他如

〔註 13〕畢克官：《漫畫的話與畫──百年漫畫見聞錄》，中國文史出版社，2002 年版，第 126 頁。
〔註 14〕畢克官：《漫畫的話與畫──百年漫畫見聞錄》，中國文史出版社，2002 年版，第 128 頁。

張諤、蔡若虹等，雖不是漫畫會成員，但在漫畫會的影響下，積極創作傾向革命的漫畫作品。這些人後來多成為中國現代漫畫史上有影響的漫畫家。此外，漫畫會還研討漫畫的社會功能、觀摩國內外漫畫作品、討論一般繪畫基礎知識、出版叢書（如1927年的《文農諷刺畫集》和魯少飛的《北遊漫畫》），再就是籌辦《上海漫畫》。

《三日畫報》作為漫畫會成員施展才華的基地，見證了漫畫會的壯大，也記錄了該會發展的曲折。第157期畫報因刊登一篇記錄漫畫會會員活動的文章《香田出浴記》，被總巡捕房以有礙風化為由告上了臨時法庭〔註15〕。

1927年，在漫畫會成立三個月後，出版至169期的《三日畫報》宣告停刊。同年3月，北伐軍進駐上海，漫畫會成員黃文農、葉淺予、季小波、魯少飛分別在上海和南京參加國民革命軍，以漫畫創作投身北伐宣傳。1927年「四・一二」反革命政變後，畫家們又回到了以賣畫為生的日子。

為謀生計，1927年底，在中學任教的王敦慶便邀請失業的黃文農、葉淺予創辦《上海漫畫》。忙碌三天後第一期編就，僅4開4版，報不像報，刊不像刊，且大半為廣告。刊物用道林紙半張單面印刷，印成後運至望平街，為報販拒發，成為一堆廢紙。王敦慶便自掏腰包結束了這次失敗的辦報活動〔註16〕。得知《上海漫畫》胎死腹中，擁有豐富辦報經驗的張光宇便找來葉淺予，建議他在彩色石印的背面再用鉛印印上照片和文章，並與攝影師郎靜山、胡伯翔、張珍侯合作。出版後因內容豐富，印刷精美，受到讀者歡迎，大獲成功。

圖1-3　夭折的《上海漫畫》創刊號（1928年1月20日）

〔註15〕閩鈴：《漆匠總會與漫畫會》，1927年第57期《北洋畫報》，第2頁。
〔註16〕《上海漫畫（影印版）》（上冊），上海書店出版社，1996年版，第1～3頁。

三、《上海漫畫》的創辦

1927 年，剛剛從海外留學歸來的林風眠有感於中國出版事業的現狀，在《致全國藝術界書》中詰問道：「試觀國內出版界，所謂藝術的出版品，如國外藝術家的言論與史略之介紹，如國內建築、雕刻、音樂、戲劇、繪畫之研究及論著，共總有了幾本？定期刊物有幾種？所謂幾種幾本者，其高明的程度如何？其銷路為如何？」〔註17〕很快，《上海漫畫》的創辦便對此作出了積極的回答。

肩負振興漫畫的使命，1928 年 4 月 21 日，漫畫會同人報紙《上海漫畫》由中國美術刊行社〔註18〕出版發行。經過推選，張光宇為總經理兼總編輯，張振宇（即張正宇）為副總經理兼營業主任，葉淺予為漫畫版編輯，攝影部郎靜山、胡伯翔、張珍侯為顧問〔註19〕。《上海漫畫》為週刊，4 開 8 版，主要由漫畫會會員供稿，具體編輯分工如下：張光宇負責 2、3、6、7 版，葉淺予負責 1、4、5、8 版。漫畫作為《上海漫畫》的主角，佔據了八個版中的全部四個彩版，其分量正是通過彩色石印呈現出來的。

《上海漫畫》社徽是由張光宇所塑的浮雕「龍馬精神」。第 1 期《上海漫畫》二版頭條刊登了社徽，旁為《發刊的幾句說話》。發刊詞稱——

> 太平洋怒濤與颶風的衝突，產生了黃海懷抱裏的上海。偉大生命所託付而生的，是無所不容的嚇！美妙的田園，有如依佃（伊甸）樂園。廣大靈妙的現象，包容了古今上下。功利與心靈的衝突，如同死囚自怨的狂吼。冷靜的暮色，好像古墓裏的枯骨。光明的青年，常把熱血去灑遍了大地。眼前的誘惑，還須你心靈去裁判。朋友嚇感受罷！我們不願意染了色彩，來污穢了全人類的靈府。只有感受與表現罷了。世界的物質文明，跟了盲從先生去割他媽的肉了。罪惡的原素，穿了禮服來請上海去看虛偽的新劇。朋友嚇請你努力罷！大生命的實現，須從最混亂的裏面去追求的！萬類之愛的孕育，不是以五十步笑百步的態度所能知道的罷？我們不願意做舊禮

〔註17〕林風眠：《致全國藝術界書》，見《藝術叢論》，北京：正中書局，1936 年版，第 39 頁。

〔註18〕當時為發行方便，同時註冊了一個名為「中國美術刊行社」的出版社，實際上是一套人馬兩塊招牌。

〔註19〕葉淺予：《細敘滄桑記流年》，中國社會科學出版社，2006 年版，第 63 頁。

教的功狗來罵罪惡，也沒有興味來讚美那名利的虛榮。芸芸眾生的幻變，當然是大生命混合牽引的自然現象。有感受上海生活百寶庫的偉大與豐富，也只有來表現些能感受到的努力。

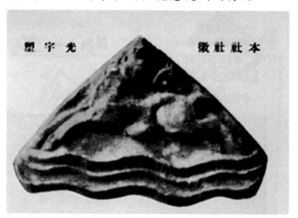

圖1-4　第1期第2版「龍馬精神」社徽

　　發刊詞以詩化的語言，強烈表達了《上海漫畫》同人用畫筆描繪「上海生活百寶庫的偉大與豐富」的願望，明確提出了「我們不願意做舊禮教的功狗來罵罪惡，也沒有興味來讚美那名利的虛榮」的辦報主張。張光宇是一位很清醒的漫畫家和「辦刊老手」（葉淺予語），他認為搞藝術不能存有私心，「存著自私的心思，怎樣可以提倡藝術？反為社會上布植一些惡種子罷了！」〔註20〕

　　正因為有了明確的辦報主張，獲得第二次生命的《上海漫畫》在當時的報刊界大放異彩。每期發行量均達到3000份以上〔註21〕，而當時頗為暢銷的《中國青年》發行量尚不足4000份〔註22〕。據第89期《上海漫畫》稱該報「銷遍國內外，讀者二萬餘」，足見其影響力。《上海漫畫》填補了1918年《上海潑克》停刊後的空白，是當時唯一具有全國影響的漫畫雜誌。1945年蕾文在《商務日報》發文稱：「《上海漫畫》是較沈泊塵氏主編的《上海潑克》更完善的刊物……」

　　經過一年多的探索與實踐，1929年12月30日，第93期《上海漫畫》

〔註20〕張光宇：《黑白畫家》，第18期《上海漫畫》第3版，1928年8月18日。
〔註21〕上海圖書館編：《上海圖書館歷史文獻研究叢刊——老上海漫畫圖志》，上海科學技術文獻出版社，2010年版，第45頁。
〔註22〕王鵬程：《〈中國青年〉週刊研究（1923～1927）》，華中師範大學博士畢業論文，2011年，第24頁。

借即將到來的馬年新年在二版頭條刊登《龍馬精神》一文，系統介紹社徽的由來以及該社的使命和抱負——

> 相傳龍馬之說：帝堯即政。龍馬銜甲，赤文綠色，有帝王錄，紀興亡之數。此馬龍形而像馬。英姿神駿！延古相傳，遂為文化上之象徵。摘其意，為負有替國家宣揚民德之使命。本社開創之初，同人以沈毅之決心，協力合作，採用此傳說，建立龍馬為本社之社徽，雖不敢自比於英駿，惟以心神之傾向。願自託於標識之下。精神依附，取其能雄心勃發，歷久而不變！當今，時代變化，昔之限於一身一家一國之治者，今已替而代之者；為世界，為人類，為民族。故凡文化之精神，宜及身而普及於天下。是同人之願望，由始之初，即已具深厚而遠大，不問目的之已達與否，同人之努力於供獻，永無已時，而永無止境。由此達被（彼），陳陳相因，推源溯由，當有歷程可稽，本社即收集影蹤，留世界以深印之墨蹟。此本社負有之使命，不徒憑託而已；實有孜孜於文化之真精神，為一切新生命樹其起原。然而，功成不居，其於進化之道。蓋本社不辭艱巨，時時驚覺。務使所見所聞者，溶化而成為所知，告於世界。是則本社之希望，永無絕止，而本社之刻意經營，亦以追蹤為抱負。龍馬精神，藉此以自警！

雖然取得了很大成績，但《上海漫畫》編輯同人功成不居，時時驚覺。決心發揚「龍馬精神」，「務使所見所聞者，溶化而成為所知，告於世界。」

1930 年 3 月 29 日，《上海漫畫》出版百期紀念。著名新聞史學家戈公振作《特性》一文為賀：「一種報紙，要有其一種特色，然後才能存在和發展。……畫報也是如此，大可分道揚鑣，不必模仿，更不必嫉妒。《上海漫畫》現在已有了它的地位了，再加以繼續的努力，前途是很有希望的。」魯少飛的《我們的自由呼聲！》，用詩歌表達《上海漫畫》同人的心聲：「時代之鐘響徹了大地。刀槍不是我們執著的利器，我們有了生花的筆桿。熱烈的情緒，流泄出美麗的泉源！我們欲人們心底裏吮吸著甘露！我們不願把耳朵聾了，我們也不願把筆桿擱了！聽吧！時代之鐘響徹了大地，我們從此沒有停頓！」

除了辦報外，《上海漫畫》還舉辦畫展、成立美術團體、培訓漫畫作者等。1928 年 6 月 23 日，張光宇、江小鶼、葉淺予、黃文農、丁悚等組織「天馬會」九屆年展，《上海漫畫》同人多人參展，展覽作品包括國畫、西洋畫、攝

影、雕刻、圖案五類。1929 年 11 月 1 日，張光宇、張振宇與邵洵美、祁佛青、萬籟鳴、鍾煜、江小鶼創辦中國近代第一個工藝美術團體——工藝美術合作社。

　　20 世紀三十年代，隨著帝國主義侵華步伐的加快，中華民族和帝國主義的矛盾上升為主要矛盾。中華民族危如累卵，「藝術救國」不能停留於「為藝術而藝術」的自我層面上，必須迅速轉向「為生活而藝術」的實際行動中。1930 年 6 月 7 日，《上海漫畫》出版至第 110 期後與《時代畫報》〔註 23〕合併，改為《時代》圖畫半月刊，主要編輯骨幹張光宇、張振宇、葉淺予、魯少飛轉入該刊。第 110 期終刊號《時代的精神建立——說〈上海漫畫〉與〈時代畫報〉合併的緣起》稱：「因為當今我民族的時勢承受上下世界的大關鍵，我們負起為智識上而服務的使命，更辦了《時代畫報》以應時代的急需。」故《上海漫畫》「這個落幕，可以看作漫畫開始從高高在上的城市性，朝民族危亡主題轉向的過渡」〔註 24〕。此外還有一個原因，《上海漫畫》的漫畫家幾乎都身兼數職，收入不穩定，而《時代畫報》受新加坡書商贊助，能夠給漫畫家提供一個更好的平臺。另據葉淺予的說法，《時代畫報》的出現更多的是書商為了與當時另一本畫刊類刊物《良友》在發行上對抗。〔註 25〕

　　《上海漫畫》作為我國最早的漫畫團體漫畫會的同人刊物，反映了漫畫會成員當時的創作水平，為以後活躍在漫畫界的眾多漫畫家提供了學習和鍛鍊的平臺，也為即將到來的 30 年代漫畫刊物的大繁榮奠定了基礎。如 1929 年還在香港中華中學念初中的 16 歲的黃祖耀（黃苗子本名），畫了一幅《魔》的漫畫參加香港學生展覽，沒想到竟被第 67 期《上海漫畫》選用發表。葉淺予還給他寫了一封熱情洋溢的回信，這一意外的收穫，成為黃苗子日後投身藝術事業的重要因素。另外，第 68 期《上海漫畫》還刊登了上海西區小學 5 位小學生所畫的插圖。編輯尤其提到了兩位小畫家——瞿松壽和丁聰，後者為漫畫會會長丁悚之子，後來成為中國著名漫畫家。

〔註 23〕《時代畫報》，1929 年 10 月 10 日創刊於上海。初為月刊，編輯團體以《上海漫畫》為班底，開始 3 期沒有固定出版日期，從第 4 期起與《上海漫畫》合併，改名為《時代》圖畫半月刊。1936 年，梁得所接任主編後，又恢復為月刊。1937 年 5 月終刊，共出版 118 期。

〔註 24〕朱琳：《民國漫畫出版：密涅瓦的貓頭鷹》，2015 年第 12 期《編輯之友》。

〔註 25〕葉淺予：《細敘滄桑記流年》，中國社會科學出版社，2006 年版，第 68、69 頁。

圖 1-5　第 67 期 7 版黃祖耀《魔》

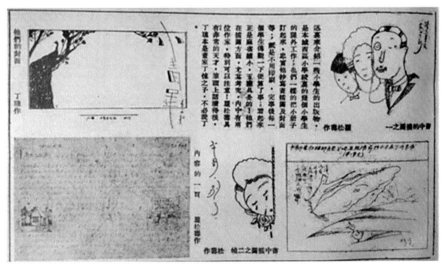

圖 1-6　第 68 期 7 版 5 位小學生所畫的插圖

　　《上海漫畫》對中國漫畫事業的發展具有重要意義。它的創辦，不僅繁榮了漫畫創作，培育了漫畫人才，也把漫畫概念普及開來，在中國漫畫史上有著不可磨滅的貢獻。著名漫畫家汪子美在《中國漫畫之演進及展望》中評價道：「能以集團群的開拓作小規模的舉創，正式向新的時代弄姿，對舊的遺存示威的先鋒隊，應當是中國美術社出版的《上海漫畫》。《上海漫畫》在中

國漫畫史上，不失為最值得紀念的一個階段。」〔註26〕

四、對比視野下的民國漫畫專刊與《上海漫畫》

1884 年，近代中國第一份新聞畫報《點石齋畫報》在時局日異的上海灘誕生，畫報在中國便成為出版物中的重要一員。彭永祥在《中國近代畫報簡介（1877～1919）》中，通過對二十多個圖書館的調查，統計出我國從 1877 年到 1949 年的 70 餘年間，共出版畫報約 800 種〔註27〕。當時最主要的出版重地上海，既是中國畫報的發源地，又是出版畫報最多的地區。據統計，辛亥革命以前，全國共出版畫報約七八十種，其中上海約占一半，達 30 多種。至20 世紀二三十年代，各種類型的畫報在上海競相登場。1926 年，中國第一本大型綜合性畫報——《良友》在上海創刊（比美國同類型的《生活》雜誌早了十年），使中國畫報的發展進入了一個新的時期——大型綜合畫報時期，畫報出版也由此進入了黃金時期。

民國以後，用銅版印刷、以攝影圖片為重要內容的攝影畫報成為新聞業的一個重要陣地。到 1925 年，「銅版畫報風起雲湧，而臻於銅版時代之全盛時期。上海方面尤盛，最著者有《上海畫報》《攝影畫報》等，迄今仍在刊行，其餘忽起倏滅之銅版畫報，合計之則可多至百數十種焉。」〔註28〕然而，表面繁榮的背後也存在著不可忽視的隱憂。著名新聞記者薩空了指出，當時很多畫報為博取讀者眼球，「照片則傾於高材生及裸體，文字則出於揭人隱私與性之描寫，竟至迫畫報成為純肉感之刊物，其銷行愈廣者，趣味愈卑下，言之殊堪痛心。」〔註29〕而格調較高的畫報，因新聞照片來源不豐，不得不傾向於藝術介紹及消閒文字，導致無人愛讀而多罹夭折。

雖然兼具新聞性與藝術性的《點石齋畫報》上的繪畫，還不能稱為漫畫，但其用白描手法細緻描繪的時事風俗畫催生了中國漫畫的誕生。辛亥革命後，國人辦報熱情高漲，報刊數量激增，漫畫開始見諸報端，沈泊塵、丁悚、陳抱

〔註26〕汪子美：《中國漫畫之演進及展望》，1935 年第 13 期《漫畫生活》，第 26～28 頁。

〔註27〕彭永祥：《中國近代畫報簡介（1877～1919）》，人民出版社，1987 年版，第 656 頁。

〔註28〕薩空了：《五十年來中國畫報之三個時期》，選自《薩空了文集》，上海科學技術文獻出版社，2002 年版，第 367 頁。

〔註29〕薩空了：《五十年來中國畫報之三個時期》，選自《薩空了文集》，上海科學技術文獻出版社，2002 年版，第 369 頁。

一、張聿光、江小鶼、馬星馳便是當時報刊的主要供畫人。五四新文化運動時期，漫畫快速發展，誕生了具有漫畫專刊形式的《世界畫報》（1918 年創刊於上海），作者不僅有當時漫畫界的前輩如張聿光、丁悚、但杜宇，還培育出漫畫界的後起之秀張光宇。1925 年，《晶報》（1919 年創刊於上海）聘請黃文農為特約漫畫作者，成為刊載漫畫的小報。1927 年，《申報》刊登由魯少飛、季小波繪製的長篇連環漫畫《改造博士》《陶哥兒》，開創了是中國報紙刊載長篇漫畫的先河〔註 30〕。在中國漫畫的快速發展中，漫畫專刊隨之產生，中國第一本漫畫專刊《上海潑克》創刊十年後，另一本漫畫專刊《上海漫畫》隨之面世，其豐富多樣的漫畫作品顯示了漫畫創作中中西洋畫法的成熟，同時110 期的出版量也讓後來的漫畫專刊難以望其項背。之後出版的《玲瓏漫畫》《現象漫畫》《漫畫漫話》《群眾漫畫》等漫畫專刊大都曇花一現。而出版時間較久的《獨立漫畫》《漫畫和生活》《東方漫畫》因刊期較長（多為月刊），影響力也非常有限。

表 1-1　民國時期主要漫畫專刊一覽表

出版時間	刊　名	發行者或出版社	出版地	刊　期
1918 年 9 月至同年12 月	上海潑克	沈泊塵	上海	月刊
1920 年（出版兩期）	滑稽	上海生生美術公司出版	上海	月刊
1923 年（出版兩期）	滑稽	大東書局	上海	不詳
1928 年（一期，未發行）	上海漫畫	王敦慶	上海	不詳
1928 年 4 月至 1930年 6 月	上海漫畫	中國美術刊行社	上海	週刊
1929 年至 1937 年	半角漫畫	葉因泉	廣州	週刊
1929 年至 1937 年	時代畫報	時代畫報雜誌社（後為時代圖書出版發行印刷公司）	上海	月刊（後為半月刊、月刊）
1932 年（停刊不詳）	玲瓏漫畫	玲瓏雜誌社出版	上海	旬刊
1932 年（停刊不詳）	星期漫畫	不詳	上海	週刊

〔註 30〕黃士英：《中國漫畫發展史》，1935 年第 13 期《漫畫生活》，第 32～35 頁。

1934 年至 1935 年	漫畫生活	美術生活雜誌社	上海	月刊
1934 年（停刊不詳）	詩歌漫畫	再現藝術社	上海	月刊
1934 年（停刊不詳）	天津漫畫	天津漫畫社	天津	月刊
1934 年（停刊不詳）	旁觀者	胡考	上海	月刊
1934 年至 1935 年	萬象	張光宇	上海	月刊
1934 年 1 月至 1937 年 6 月	時代漫畫	張光宇	上海	月刊
1935 年（停刊不詳）	群眾漫畫	群眾漫畫社	上海	月刊
1935 年至 1937 年	中國漫畫	中國漫畫社	上海	月刊
1935 年 4 月至同年 7 月	漫畫漫話	黃世鈞、凌波	上海	月刊
1935 年至 1936 年	獨立漫畫	獨立出版社	上海	半月刊（後為月刊）
1935 年（停刊不詳）	現象漫畫	現象圖書刊行社	上海	月刊
1935 年 4 月至同年 9 月	電影‧漫畫	漫畫圖書公司	上海	月刊
1935 年（停刊不詳）	大眾漫畫	胡忠彪、胡忠驃	上海	不詳
1935 年至 1936 年	漫畫和生活	黃士英	上海	月刊
1936 年（停刊不詳）	萬象	胡考	上海	月刊
1936 年至 1937 年	東方漫畫	新藝漫畫社	上海	月刊
1936 年 4 月至同年 6 月	生活漫畫	生活漫畫社	上海	月刊
1936 年（停刊不詳）	漫畫世界	漫畫世界社	上海	月刊
1936 年（停刊不詳）	旅行漫畫	上海雜誌公司	上海	不詳
1936 年 5 月至 1937 年 6 月	上海漫畫	獨立出版社	上海	月刊
1936 年 4 月至同年 11 月	漫畫界	漫畫建設社出版（後發行人改為曹涵美、王敦慶）	上海	月刊
1936 年至 1939 年	滑稽畫報	林梁	上海	半月刊
1937 年（停刊不詳）	潑克	張鴻飛	上海	月刊
1937 年 9 月至同年 11 月	救亡漫畫	上海抗敵後援會漫畫界救亡協會	上海	五日刊
1937 年（停刊不詳）	漫畫之友	漫畫之友社	上海	半月刊

1937 年至 1939 年	抗敵漫畫	福建省抗敵後援會宣傳部	福州	十日刊（後為半月刊）
1937 年（出版一期）	非常時漫畫	江秋	上海	半月刊
1937 年（停刊不詳）	牛頭漫畫	牛頭漫畫社	上海	不詳
1938 年 1 月至 6 月（1940 年重慶復刊，1942 年停刊）	抗戰漫畫	抗日救亡漫畫宣傳隊	漢口	半月刊
1938 年（停刊不詳）	滑稽漫畫	美商好華圖書公司	上海	半月刊
1938 年（停刊不詳）	漫畫半月刊	國泰公司出版部	上海	半月刊
1940 年至 1943 年	北京漫畫	武德報社	北京	月刊
1941 年（停刊不詳）	漫畫月刊	漫畫社	上海	月刊
1941 年（停刊不詳）	時事漫畫類編	西北文化服務社	西安	月刊
1942 年至 1943 年	中國漫畫	中國漫畫社	上海	月刊
1944 年（停刊不詳）	中華漫畫	華北漫畫協會	北京	月刊
1943 年至 1944 年	一月漫畫	黃紫霞	泉州	月刊
1946 年至 1947 年	漫畫漫話	聯合出版社	香港	月刊
1947 年（停刊不詳）	建國漫畫旬刊	建國漫畫旬刊社	張家口	旬刊

　　如果說 20 世紀前十年最重要的漫畫專刊是《上海潑克》，二三十年代之交執牛耳者當屬《上海漫畫》，那麼三十年代則是《時代漫畫》的時代了。〔註31〕《時代漫畫》是民國時期出版時間最長的漫畫專刊，從 1934 年 1 月 20 日至 1937 年 6 月 20 日共出版了 39 期。該刊每期 40 至 44 頁，十六開本，每月 20 日發行。魯少飛任主編，黃文農、魯少飛、華君武、胡考、王敦慶為主要供畫人，發行人初為張光宇，後依次由章仲梅、王敦慶、魯少飛擔任。就出版時間、出版量與影響力來看，民國時期最重要的漫畫專刊應為《上海漫畫》週刊和《時代漫畫》月刊。《上海漫畫》與《時代漫畫》均創辦於民國「黃金十年」，它們不僅具有獨立的時代意義和學術價值，而且兩者之間還有前後承接關係，主創班底相似，漫畫中都有著豐富的兩性主題與社會風俗題材，只是內容上各有側重。相較於關注市民生活的《上海漫畫》，誕生於九一八事變和一二八事變之後的《時代漫畫》帶有更強的戰鬥性與批判性，其對民國上海城市史與社會生活史的考察則是更好的研究資料。同時，由攝影師與漫畫群體通力合作的《上海漫畫》不僅在中國漫畫史與民國漫畫報刊史中佔有重要地位，對中國攝影藝術

〔註31〕甘險峰：《中國漫畫史》，山東畫報出版社，2008 年版，第 112 頁。

的發展也有著深遠的影響。短短的近十年中，這兩份漫畫報刊從漫畫的技法風格、體裁內容到精神關懷上將對西方漫畫的轉譯和對現實環境的需求結合起來，完成了中國漫畫的現代性轉型。

回顧中國漫畫的發展史，《上海漫畫》佔有重要的一席之地。關於中國近代漫畫發展階段，畢克官在《中國漫畫史》將中國近代漫畫發展劃分為：清末民初的漫畫；五四運動時期的漫畫；20 年代的漫畫；30 年代的漫畫；抗日戰爭時期的漫畫；解放戰爭時期的漫畫。〔註32〕黃茅在《漫畫藝術講話》中闢有專章《中國漫畫藝術發展簡史》，把清末到抗戰時期的漫畫分為四個時期：第一期，光緒十年——辛亥革命；第二期，五四運動——「九一八」事變；第三期，《時代漫畫》（1934）——七‧七事變；第四期，戰時的漫畫活動。〔註33〕畢克官將 20 年代的漫畫、30 年代的漫畫分為兩期，如果按照這一分法，《上海漫畫》就會被「腰斬」，其在中國漫畫史的地位和貢獻就會被忽略。而黃茅關於第二期：五四運動——「九一八」事變的劃分，將二三十年代的《上海漫畫》納入其中，凸顯了「九一八」事變在漫畫發展史中的重要作用。

二三十年代，中國危機四伏，矛盾重重。一方面，1927 年「四‧一二」反革命政變後，國共兩黨之間的摩擦日益加大；另一方面，隨著 1931 年「九‧一八」事變日軍侵華，到 1932 年「一‧二八」淞滬抗戰，中華民族和帝國主義的矛盾不斷升級。在這樣的社會背景之下，漫畫的發展一浪高過一浪，經過 20 年代後期和 30 年代初期的醞釀和準備，到了 30 年代中期，漫畫以上海為中心，進入了一個新的高潮。在此過程中，《上海漫畫》起到了承前啟後的重要作用。

第三節　《上海漫畫》的創作團隊

20 世紀 20 年代末，上海成為中國漫畫活動的發源地和創作中心，出現了張光宇、葉淺予、魯少飛、黃文農、張振宇、曹涵美、鄭光漢等一批全國知名漫畫家，創作出許多風格迥異的漫畫作品。隨著《上海漫畫》的創辦，漫畫發表園地空前擴大，湧現出了黃苗子、丁聰、胡考等一批漫畫新人。

下面主要介紹一下《上海漫畫》的主要編輯成員：張光宇、葉淺予、魯少飛、黃文農、丁悚、王敦慶、張振宇、曹涵美。

〔註32〕畢克官：《中國漫畫史》，文化藝術出版社，2006 年版。
〔註33〕黃茅：《漫畫藝術講話》，上海：商務印書館，1943 年版，第 198 頁。

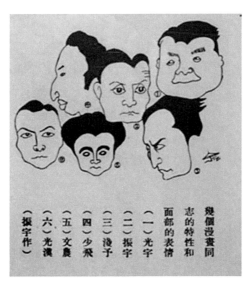

圖 1-7　第 100 期第 3 版《幾個漫畫同志的特性和面部的表情》

一、大師們的老師──張光宇

張光宇，中國現代美術史中具有重要作用和影響的漫畫家、出版家、美術活動家，原中央工藝美術學院藝術設計學科的創建者。他一生從事美術創作和教育活動，設計創作了《西遊漫記》《神筆馬良》《大鬧天宮》等影響深遠的漫畫、動漫作品。

張光宇，原名張登瀛，1900 年 8 月 25 日出生於江蘇無錫縣北門塘。父親張亮生是當地有名的郎中，嗜喜繪畫，尤擅長肖像寫真。故張氏三兄弟（老二曹涵美過繼舅舅家，改姓曹；老三張振宇）受其影響，後來都走上繪畫道路。

1914 年張光宇進入上海第二師範附屬小學，看到吳友如《飛影閣畫譜》等讀物，對繪畫的興趣日濃。不久結識了京劇劇場「新舞臺」的武生張德祿，常去他那裡畫戲劇速寫和臉譜。1916 年，張光宇小學畢業，經張德祿介紹，師從上海美專校長、「新舞臺」置景主任張聿光〔註34〕學習繪製布景，第一次接觸到西洋繪畫的視角和技術，並改名「光宇」。

〔註34〕張聿光（1885～1968 年），字鶴蒼頭，浙江紹興人。1912 年，與劉海粟、烏始光等共同創辦上海圖畫美術院（後改名為上海美術專科學校），並擔任上海美專第二任校長。他貫通中西繪畫，致力於將西洋畫融入中國畫。擅長漫畫、工商美術、舞臺美術、中國畫，還從事美術教育工作，並參與創辦研製美術用品的實業，是集畫家、美術教育家、美術實業家於一身的傑出人才。他在漫畫創作方面尤負盛名，是辛亥革命和五四運動時期成長起來的第一代中國漫畫家，為中國近代漫畫的奠基者之一。

　　1918 年，經張聿光介紹，張光宇到上海生生美術公司工作，並在創辦不久的《世界畫報》社〔註 35〕給丁悚當助手，並以「光宇」筆名發表鋼筆畫、諧畫和插畫等，開始在上海灘嶄露頭角。丁悚曾寫文章稱讚他「美術界健將也。干雲直上予企望之」〔註 36〕。

圖 1-8　在《世界畫報》任助編時的張光宇（1918 年）

　　1921 年，張光宇與友人在上海創辦中國第一本電影雜誌《影戲雜誌》。同年進入廣告業，任南洋兄弟煙草公司廣告部繪圖員，從事報紙廣告設計，並繪製月份牌〔註 37〕。1925 年 8 月，創辦綜合性畫報《三日畫報》。1927 年，張光宇到上海英美煙草公司廣告部美術室任繪圖員，主要從事繪製黑白廣告、設計香煙畫片和巨型招貼廣告等工作，與英、美、德、法、日等國美術設計高手成為同事，在與他們的競爭中，張光宇眼界大開，迅速領悟到西方現代美術的精髓，並將中國本土藝術元素與西方現代繪畫熔於一爐。

　　1927 年秋，張光宇等人在上海組織成立了中國第一個漫畫團體——漫畫會。1928 年，又與友人創辦中國美術刊行社。同年 4 月漫畫會同人刊物《上海漫畫》創辦後，張光宇任總編輯兼總經理，先後為畫報繪製 18 期封面畫。1930 年 6 月，《上海漫畫》併入《時代畫報》後，繼續在《時代》發表作品。

〔註 35〕《世界畫報》，1918 年 8 月創刊，主編丁悚，編輯張光宇，上海生生美術公司出版發行。

〔註 36〕丁悚：《張光宇傳》，《世界畫報》1918 年第 4 期。

〔註 37〕月份牌是清末上海興起的一種繪畫形式，先用炭筆鉛筆塗擦後再用水彩潤色產生一種柔麗細膩的風格，並與當時流行的時裝仕女圖結合起來。月份牌在 20 世紀二三十年代達到頂峰，張聿光、丁悚、張光宇等都畫過月份牌。

　　1932 年「一‧二八」事變發生後，張光宇為愛國心所激發，毅然辭去英美煙草公司待遇優厚的工作，與著名「新月派」詩人邵洵美聯手創辦時代圖書公司。1933 年張光宇創作的《紫石街》被徐悲鴻帶往蘇聯展出，引起轟動。1934年創辦《時代漫畫》，次年又創辦《獨立漫畫》，同時在《三月畫報》《上海漫畫》月刊等報刊發表漫畫作品。1936 年秋，張光宇以《上海漫畫》《時代漫畫》兩個雜誌的名義，發起舉辦了中國漫畫史上破天荒的「第一屆全國漫畫展覽會」。

　　1937 年「八‧一三」淞滬抗戰爆發後，張光宇先到香港，後赴重慶，在電影製片廠擔任美工師近 3 年時間。皖南事變發生後，張光宇再度去香港。不久香港淪陷，又輾轉廣州、桂林，於抗戰勝利前夕重返重慶。因漫畫受到國民黨當局壓制，加之戰時紙張、印刷困難，只好改用畫展形式發表作品。1945 年 3月，張光宇與葉淺予等人在重慶舉辦「八人漫畫聯展」。同年秋天，又用 4 個月時間創作連環漫畫《西遊漫記》，借唐僧師徒西遊故事，影射陪都重慶官場腐敗、社會黑暗，先後在重慶、成都兩地展出，引起強烈反響。後畫展遭到當局禁止，張光宇只好攜畫再去香港，在港期間被推舉為人間畫會會長。

　　1949 年新中國成立後張光宇來到北京，在中央美術學院實用美術系任教授，後調到中央工藝美術學院任教，成為新中國裝飾繪畫的學院教育開創者之一。教學之餘，他畫漫畫、壁畫、水彩畫，並參與國徽設計、郵票繪製、書刊裝幀、服裝和家具設計以及舞臺裝置、電影布景等。他於上世紀五十年代創作的《神筆馬良》《孔雀姑娘》《杜甫傳》等插畫，成為中國現代插畫藝術最出色、最經得起時間考驗的作品。六十年代初，由其擔任美術設計的動畫片《大鬧天宮》，受到觀眾極大喜愛，並贏得國際聲譽。1965 年 5 月 4 日，張光宇因病不幸逝世。

　　作為 20 世紀二三十年代漫畫界的領導者和組織者，張光宇還是許多漫畫家的伯樂與老師。他所起到的承上啟下作用，組織和培養人才上的貢獻，在中國美術史上都佔有十分突出的地位。這些聚集在張光宇周圍、受其影響的漫畫家多達百餘人，他們很多人後來都成為中國漫畫界的中堅力量，張光宇也被譽為「大師們的老師」。葉淺予 18 歲在上海灘闖蕩時，曾向張光宇主編的《三日畫報》投稿，一幅《兩毛錢飽眼福》漫畫被長他 7 歲的張光宇看中發表。葉淺予後來回憶說：「儘管我是一個才滿 18 歲的青年，但和張光宇這些知名人士混在一起，彷彿自己也變成了上海灘的頭面人物。」〔註38〕「沒有張光宇，就沒

有我的今天。」此後，葉淺予一直以「老大哥」稱呼張光宇。張光宇對漫畫家丁聰的影響甚至比其父丁悚還要大，丁聰回憶說：「張光宇比我大 16 歲。張光宇與我的關係，不在於他怎麼教我，而在於潛移默化。我的欣賞趣味，完全是受他的影響。……張光宇對我來說，就是一所學校。」〔註39〕

　　張光宇還是中國漫畫裝飾畫派的開創者。其漫畫的裝飾風格將中國傳統民間藝術與西方傳統藝術完美結合起來。張光宇廣泛吸收中國傳統和民間的裝飾藝術，將中國傳統繪畫的線描和版畫、玉器、銅器、石刻的線描藝術，以及民間年畫藝術、京劇等戲劇臉譜的用色融入自己的畫中。同時，西方現代藝術如包豪斯主義、德國表現主義、墨西哥壁畫等新鮮營養都能為其所用。張光宇深受墨西哥漫畫家珂弗羅皮斯的影響，講求形式之美，以簡雋鋒銳的線條形成古樸峭拔的風格。他同時把廣告、香煙畫片、月份牌、裝飾畫、插圖、裝潢的設計手法運用到漫畫中，在博採眾長的基礎上形成以裝飾畫為特徵的漫畫，對以後中國漫畫的發展產生重大影響。如 1928 年第 12 期《上海漫畫》發表的京劇人物《勇猛武生》，就包含著中西多種文化元素。

圖1-9　第12期4版《勇猛武生》

〔註39〕丁聰：《創業不止的張光宇》，《裝飾》，1992 年第 4 期。

張光宇的漫畫充滿了獨立批判的精神，他認為漫畫是「描寫人世一切矛盾滑稽得可笑的糾纏，更揭穿了一切醜惡與虛偽的面目」，其創作方法則是「鋒利尖銳的解剖性，純正不偏的判斷性，誇張能使事態更明達一點，善謔而不是故意刻薄，用哲學的理論來歸案，可不把自己奉為聖賢，以各種學識為根據，原非要做萬能博士」。進而豪邁地宣稱：「漫畫是一種獨特的藝術，他不是某一種藝術的附屬品，在他裏面不會產生出內廷供奉派的漫畫家來，也不會有在野撒謊，在朝替別人做傳聲筒的醜態；我們對於錢與名的意義，是非常的稀薄；我們的生產品，是熱情的流露，感覺的反映；我們也有一顆悲天憫人的心，我們也能發出救世的預言……」〔註40〕

二、連環漫畫集大成者——葉淺予

葉淺予是上世紀二三十年代我國最具代表性的漫畫家之一，也是連環漫畫的集大成者，其長篇連環漫畫《王先生》在中國漫畫史上佔有重要地位。

葉淺予，本名葉綸綺，筆名淺予、初萌、性天等，浙江桐廬人。1907年3月1日出生在一個充滿藝術氛圍的大家庭裏，姑父胡奏平是桐廬有名的書法家，表姐胡家芝擅長剪紙。濃鬱的藝術氛圍給兒時的葉淺予以潛移默化的影響，上中學時便開始自修繪畫，為他以後走上藝術道路奠定了最初的基礎。

1922年葉淺予考入杭州鹽務中學，開始學習西畫寫生。杭州的新環境使他對很多新事物都產生好奇和興趣，眼界逐漸開闊。他對當時流行的福爾摩斯偵探小說頗為喜愛，便拿起筆來嘗試寫偵探小說，以致達到入迷程度。這時期想像力的鍛鍊，與他後來創作《王先生》時的奇思妙想恐怕不無關係。

1925年葉淺予鹽務中學肄業，便來到上海灘闖蕩，他當過櫃檯夥計，畫過廣告、教科書插圖，還從事時裝設計、舞臺美術布景等。業餘時間，葉淺予開始畫漫畫，其中一幅《兩毛錢飽眼福》被張光宇主編的《三日畫報》發表，從此便一發不可收。後張光宇邀請其到《三日畫報》幫助劃版樣、排版面、跑印刷廠，葉淺予由此學到一手編輯畫報的工夫。他後來回憶說：「這一年從站櫃檯到畫廣告，決定了我一生從事美術事業的前途。」〔註41〕

1926年，葉淺予加入漫畫會，成為11位成員之一。1927年3月，北伐

〔註40〕張光宇：《漫畫·漫畫界·漫畫家》，見《張光宇文集》，山東美術出版社，2011年版，第25頁。
〔註41〕葉淺予：《細敘滄桑記流年》，中國社會科學出版社，2006年版，第20頁。

軍進駐上海，葉淺予到淞滬警察廳政治部從事藝術宣傳工作，後又去新成立的海軍政治部，以漫畫投入北伐宣傳。「四‧一二」反革命政變後，葉淺予又回到以賣畫為生的日子。1927 年底，他參與試辦《上海漫畫》，失敗後，又與張光宇合作再度創辦。1928 年 4 月《上海漫畫》正式創刊後，葉淺予負責該報編輯和印刷工作，同時長篇連環漫畫《王先生》也隨之面世。《王先生》的成功，使葉淺予在漫畫界一舉成名。

1936 年，葉淺予開始創作長篇連環畫《小陳留京外史》，以辛辣的畫筆揭露和鞭撻腐敗官場的種種醜態。同年，出版《旅行速寫》《淺予速寫集》兩部漫畫速寫集，並聯合全國漫畫家舉辦第一次全國漫畫展。次年，中華全國漫畫作家協會成立，葉淺予成為該會負責人之一。

1937 年全面抗戰爆發後，葉淺予參與組織中華全國漫畫作家抗敵協會，並參加郭沫若任廳長的政治部第三廳，投身抗日宣傳工作。1939 年赴香港籌辦《今日中國》，該畫報共出版 10 期。次年回重慶，創作《戰時重慶》組畫及敘事漫畫《逃出香港》。1942 年，葉淺予赴貴州苗區寫生，開始轉向中國人物畫創作。1943 年訪問印度，歸國後舉辦旅印畫展。1944 年，葉淺予在重慶中美合作所心理作戰組工作，歷時約半年。1945 年，葉淺予作西康之行，途經成都住在張大千家，向其學習傳統中國畫。

1946 年 9 月，葉淺予受美國國務院的邀請赴美訪問辦展一年。1947 年 10 月回國，應徐悲鴻之邀，到北平藝術專科學校任教。他根據訪美見聞創作長篇連環漫畫《天堂記》，於 1948 年在《新民報》北平版連載，獲得了很大社會反響，成為他漫畫創作的壓軸之作。

1949 年，葉淺予以「新中國首屆文代會」籌委會委員和「國統區聘請代表」的身份進入新中國政治體制中。同年 7 月中華全國美術工作者協會成立，葉淺予任副主席兼秘書長。1954 年任中央美術學院中國畫系主任，致力於國畫教育工作和舞蹈戲劇人物畫創作，漸漸與他鍾愛的漫畫分手。1966 年至1975 年，葉淺予先是被批鬥，後關進「牛棚」和監獄達 9 年之久。1978 年，葉淺予恢復中央美院中國畫系主任之職，並招收研究生。1979 年，中央美院為葉淺予平反昭雪，並補發工資 3 萬元，葉淺予悉數捐給中央美院國畫系作獎學金。1981 年，葉淺予擔任中國畫研究院副院長、中國美術家協會副主席。1984 年，葉淺予 78 歲退休。1985 年，再次當選為中國美協副主席。1995 年5 月 8 日，我國漫畫界一代宗師葉淺予在北京病逝，享年 89 歲。

三、漫壇「伯樂」——魯少飛

魯少飛，1903 年 9 月出生於上海，其父魯承榮是一位民間畫工。他自幼隨父習畫，曾因臨摹廣告上的一隻鋥亮皮鞋受到表揚，增強了對繪畫的興趣和信心。

1916 年，13 歲的魯少飛因家庭貧困輟學，到上海永安公司當練習生。1917 年春，考入上海商務印書館印刷所當繪圖生，一年後考入上海美專西畫系。1920 年，魯少飛在上海晨光美術會學畫，同時擔任上海藝術研究院素描教師。其間，發表《戰神崇拜狂》《弄虛作假的藝術家》等令人矚目的作品。後到上海大中華影片公司當美術員，1924 年赴奉天美術專科學校任西畫教員。北伐戰爭後，魯少飛到南京參加革命軍，在總司令部政治部從事漫畫宣傳工作，創作了《打倒列強》《打倒土豪》《解放婦女》等巨幅漫畫。1926 年至 1927 年，任上海民新影片公司美術主任。

1927 年，魯少飛參與組建了中國第一個漫畫團體——漫畫會，該會為他出版了《北遊漫畫》漫畫集。1928 年，魯少飛與季小波、徐卓呆合作長篇滑稽畫《改造博士》《毛郎豔史》《陶哥兒》，在《申報》副刊《自由談》發表，首開中國長篇連環漫畫先河。「《改造博士》以滑稽吸引讀者，而受到群眾熱狂的擁護，那時讀者初次感受了漫畫的親愛味，濃厚的興趣誕生了。」〔註42〕

1929 年，魯少飛與張光宇等人合辦中國美術刊行社，並參與創辦《上海漫畫》，魯少飛負責畫報的編輯工作並開辦漫畫函授班。除了發表大量的漫畫作品，他還是《上海漫畫》文學板塊的主要執筆者。魯少飛擅長詩歌、散文、小說等諸種文體，由他撰寫的《上海漫畫》往期封面解讀十分精彩，常以詩化的語言深入解讀封面畫背後的意蘊。

1932 年，魯少飛與張光宇、邵洵美等聯手創辦時代圖書公司，1934 年擔任《時代漫畫》主編。1936 年 2 月，第 26 期《時代漫畫》因發表魯少飛諷刺國民政府對日屈辱外交的漫畫《晏子乎？》，引起日本駐華使節的抗議，魯少飛被國民黨上海市社會局扣上「危害民國」罪多次傳訊，刊物也被勒令停刊。後《時代漫畫》只得改名《漫畫界》繼續出版。《時代漫畫》有獨特的選稿原則和培養作者的方法，培養造就了一批具有鮮明個性、日後享譽畫壇的漫畫家，魯少飛也被譽為中國漫壇的「伯樂」。

〔註42〕黃茅：《漫畫藝術講話》，上海商務印書館，1947 年版，第 120 頁。

1936 年夏，魯少飛與葉淺予、張光宇等發起組織中華全國漫畫作家協會，並籌辦第一次全國漫畫展覽。1937 年「八・一三」抗戰爆發後，魯少飛與張光宇、王敦慶率先創辦抗戰漫畫讀物《救亡漫畫》，以平視的態度和看圖識字的形式，使不識字的民眾都能讀懂，每期印數在 2 萬份左右，「成為抗戰以來國內的唯一興奮劑」，被譽為文藝界「抗戰救亡中最強的一環」。該刊第 2 期刊登魯少飛揭露日軍暴行的漫畫《日寇將活人當靶子》。《救亡漫畫》共出版 10 期，直至上海淪陷才停刊。

1938 年，魯少飛去廣州主編《國家總動員畫報》，向民兵宣傳堅持抗戰方針，並擔任中華全國漫畫作家協會戰時工作委員會委員。不久去香港，邂逅上海《立報》同事薩空了。1938 年，經薩空了介紹，魯少飛赴新疆任《新疆日報》漫畫編輯。後盛世才屠殺並驅離中共黨員和進步人士，魯少飛只得攜家於 1943 年初離開新疆，在蘭州滯留達 5 年之久。這期間，魯少飛創作的連載漫畫《馬二哥》在《和平日報》連載。《馬二哥》每期四格，隔日刊載，主要表現蘭州普通民眾的生活，諷刺「納稅」「抓壯丁」等現象，共連載 40 多期。1946 年 1 月 3 日，《藝術生活》旬刊社在蘭州省立圖書館舉辦韓樂然、魯少飛、潘絜茲、常書鴻、趙望雲畫展，令身處西北內陸的蘭州市民大開眼界。魯少飛還在蘭州、重慶舉辦「魯少飛新疆畫展」。在魯少飛的帶動和影響下，甘肅漫畫創作逐漸發展起來。

1951 年，魯少飛調入人民美術出版社任畫冊編輯組組長。由其責編的《蘇加諾總統藏畫集》獲 1959 年萊比錫國際圖書藝術博覽會金獎，成為新中國在世界上獲得的第一個圖書金獎。魯少飛還編輯出版了大量漫畫類圖書，如《漫畫常識》《東風漫畫》《第一屆全國漫畫展會作品選集》以及張光宇的《西遊漫記》等。1993 年，中國美術家協會漫畫藝委會授予魯少飛「中國漫畫金猴獎」榮譽獎。1995 年 2 月 28 日魯少飛在京病逝，享年 93 歲。

四、漫壇先驅──丁悚

在中國漫壇，有一對傑出的父子兵──老丁和小丁。提起小丁，大家都知道指的是丁聰；可說起老丁，很多人就茫然了。其實兩人是父子關係，老丁即蜚聲民國漫壇的丁悚。

丁悚，字慕琴，1891 年出生於浙江嘉善楓涇鎮（今屬上海金山區楓涇鎮）。自幼父母早亡，生活困苦，12 歲便到上海老北門昌泰當鋪當學徒。因酷愛繪畫，

曾入上海徐家匯土山灣畫館學習西畫，又在中國圖畫函授學堂學習，因此丁悚的繪畫中西兼顧，國畫精於人物和佛像，西畫擅長素描。後入上海美術專科學校教寫生，繼而受聘於上海英美煙草公司廣告部，從事香煙招貼畫的繪製。

1910 年，丁悚發表漫畫《中國最近之悲觀》，揭露帝國主義國家將大量商品傾銷中國，使中國民族工業淹沒於舶來品的汪洋大海之中。1912 年，丁悚在《申報》發表漫畫，諷刺不顧國家艱難、只圖自己享樂的權貴，首開《申報》發表漫畫之先河。後又為上海《新聞報》《神州日報》《時事新報》《三日畫刊》等報刊畫插圖，還兼任《上海畫報》《健康家庭》《小說畫報》等刊物的編務工作，逐漸成為上海漫畫界和月份牌畫界的中心人物。

北伐戰爭後，丁悚為《新聞報》所繪的一幅漫畫，因諷刺當局比較露骨，與編輯嚴獨鶴一起被南京方面傳訊，幸多方疏通，始得脫身。後來丁悚離開煙草公司，在同濟大學等校教授美術課。

1926 年底漫畫會成立，丁悚和張光宇成為主要的策劃者和組織者。漫畫會以丁悚和張光宇的住所為活動中心，招牌就掛在貝勒路（今黃陂南路）天祥里丁悚的家門口，丁悚自然就成了漫畫會的會長。1928 年 4 月由漫畫會籌辦的《上海漫畫》創刊，丁悚也是主創人員之一，從第 3 期起，陸續在《上海漫畫》刊登漫畫作品。

丁悚的漫畫受沈泊塵影響較大，筆法和技巧都很相近。沈泊塵比丁悚長兩歲，兩人情趣相投，遂成莫逆之交。丁悚後來在《亡友泊塵》一文中寫道：「我們倆自從相識後，在社會上所做的事，都有互相連帶的關係：像在《晶報》上的插畫，《神州日報》的畫報，美專的教授，最後的《潑克》畫報等等的共事，直至於他死，差不多常在一處的。」丁悚的漫畫以傳統的中國畫線描技法為主，筆下人物造型誇張得體，對比強烈。多以諷刺、幽默方式反映當時的社會現狀和政治時局。相較而言，其諷刺大於幽默，即使幽默也是冷幽默，故常觸及社會痛處，發人深思。如他為第 49 期《上海漫畫》創作的封面畫《社會先生的威權！》，圖中社會先生的大手中緊攥著嚎哭的民眾，任其痛苦掙扎而無動於衷。

圖 1-10　第 49 期封面《社會先生的威權！》

　　抗戰期間，丁悚轉入電影製片廠從事美術設計，不再從事漫畫創作。1956年入上海市文史館。「文革」期間，丁悚被打成「反動學術權威」，曾作為漫畫會會址的丁悚家也被誣為「特務聯絡站」。1969 年 12 月 3 日，中國漫畫界先驅丁悚去世。

　　據畢克官《中國漫畫史話》介紹：「丁悚漫畫生涯開始於清末，五四新文化時期更為活躍，創作了許多反映時局的作品，如《豺狼當道》《鎖上加封》《中國最近之悲觀》等。」然其早期漫畫多散落在民國時期各大報刊上。2004 年 11月，國家圖書館彙編了「史海遺珍」叢書——民國漫畫系列之《丁悚漫畫集》，全書共收錄丁悚漫畫 496 幅，主要選自 1912 年至 1937 年的《申報》《新聞報》《晶報》《禮拜六》《三日畫刊》《上海漫畫》《福爾摩斯》等報紙雜誌，集中反映了丁悚的漫畫創作生涯和藝術風格，是其迄今為止唯一一本漫畫集。

五、政治漫畫家——黃文農

　　黃文農，上海松江縣（今上海市松江區）人，1903 年出生於一個貧窮的傳教士家庭，自幼喜愛美術。16 歲時進入上海中華書局，當石印描樣學徒工，他刻苦自學，逐漸掌握了繪畫技術。後調至《小朋友》雜誌任美術編輯，開始對漫畫產生興趣。

1925 年初，黃文農在《晶報》發表漫畫作品，後被聘為該報特約漫畫作者。不久又被《東方雜誌》聘為特約漫畫作者，經常發表國際時事漫畫，鋒芒直指帝國主義和封建軍閥。五卅慘案發生後，其漫畫作品《最大之勝利——毋忘五卅慘案的印象》《公理、親善、和平、人道》，被上海工人複製放大張貼通衢，引起帝國主義的恐懼，遂向租界法庭提起「控訴」，這便是轟動一時的《東方雜誌》漫畫事件。

第一次國內革命戰爭期間，黃文農參加了北伐軍。北伐軍進駐上海後，他先後在上海淞滬警察廳政治部和海軍政治部任宣傳科藝術股長。1927 年 3 月，黃文農為北伐軍《前敵日報》創作漫畫《丟臉》，揭露美帝國主義丟掉親善假面，與英帝國主義相勾結，向進駐南京的北伐軍開炮。「四‧一二」反革命政變後，政治部宣告解散，黃文農靠投稿賣畫維持生活。後參加漫畫會，漫畫會編選了黃文農的政治漫畫，出版《文農諷刺畫集》。

1928 年 4 月《上海漫畫》問世，黃文農為該報政治漫畫的主力，幾乎每期都有他的作品。如諷刺日本帝國主義的《田中首相破相——毒瘤》；諷刺政客的《他正在讀總理遺囑》等。1929 年 9 月，第 75 期《上海漫畫》封面發表了諷刺蔣介石專制獨裁的著名漫畫《大拳在握》。後參與《時代漫畫》編輯。

黃文農長期過著靠投稿賣畫為生的窮困生活，1934 年 6 月 21 日在貧病交迫中去世，年僅 31 歲。病逝前，家庭失和，孤獨一身，仍扶病堅持為《時代漫畫》畫漫畫。出版有《文農諷刺畫集》（1927 年）和《初一之畫集》（1929年），代表了我國五四運動以後政治諷刺漫畫的最高水平。

黃文農以熾熱的愛國熱情創作了大量尖銳、辛辣，有思想深度和批判力度的政治諷刺漫畫。他善於從複雜的矛盾中抓住問題的關鍵，一針見血地加以點破，使讀者一目了然，被譽為「政治漫畫家」。在藝術上，黃文農的漫畫有效融合中西畫法，自如加以運用，形成了鮮明特色。他善於運用黑白對比，形成強烈視覺衝擊力，使他的漫畫既有黑白木刻效果，又有裝飾畫的趣味。其漫畫多用邊框，且喜用「文武線框」（一細一粗），與畫面內大塊黑白處理相配合，顯得協調而有力量，形成其獨特的形式美。黃文農的政治諷刺畫，代表了中國 20 世紀二三十年代政治諷刺畫在思想上和藝術上所達到的水平。

黃文農有著明確的漫畫主張，他在《漫畫家應該到滿洲去！》等文章中提出：「取快一時的諷刺畫，品格不高，不足為訓。諷刺畫一定要對我們自己

的國民革命負責任。」〔註43〕「諷刺畫家在這時代，須將自己的志願立誓供
獻於民眾……諷刺畫是民眾思潮之代表者。」「『打倒帝國主義』是全世界被
壓迫民族的覺悟呼聲，諷刺畫家應該認清這個大題目而努力的做畫。」「諷刺
畫家須自比為審判官，譬如有某種事件發生，應把這件事的正反兩面審查清
楚，然後著筆。假如未將事實弄清楚，胡亂繪一張，就失去諷刺畫家的尊嚴。
凡怕闖禍……還是請他擱筆的好。」〔註44〕由此看見，黃文農從漫畫理論到
實踐，革命立場是堅定鮮明的，創作態度是嚴肅認真的，戰鬥膽略是勇敢無
畏的，觀察事物是敏銳深刻的。在他看來，漫畫是革命鬥爭的武器，是表達
人民群眾心聲的工具，絕非僅供消遣娛樂的小擺設，這在當時迎合小市民趣
味的軟性作品風行的年代，確屬難能可貴。

　　黃文農的反帝漫畫，鋒芒直指帝國主義的侵略行徑，即令侵略者也感到
恐懼。出身貧苦、久居滬上的黃文農，對中國半殖民地半封建社會的反動、
腐朽有深刻體會，對帝國主義的侵略奴役充滿憤恨，這是他的諷刺畫發揮匕
首、投槍作用的根本原因，他是漫畫界名副其實的反帝反封建戰士。1933 年
英國大文豪蕭伯納訪問上海，黃文農經友人介紹與其相見，蕭伯納看了黃文
農的作品，贊其為「敢於坐在英帝的槍口上罵帝國主義者」。《中國漫畫史》
這樣評價黃文農：「他的政治諷刺畫，不僅尖銳潑辣，切中時弊，而且藝術
質量也是較高的。他繼承了辛亥革命時期漫畫的戰鬥傳統，又吸收西洋漫畫
的創作經驗，把中國漫畫推向了一個新的高度……在第一次國內革命戰爭時
期，政治諷刺畫的出現，是美術這一藝術形式參加反帝反封建偉大鬥爭的主
要標誌，而黃文農是美術界在這一方面最為突出的、也是最具有代表性的美
術家。」〔註45〕

六、漫壇智多星──王敦慶

　　王敦慶，字夢蘭，筆名王一榴、王履箴、王江徑、黃次郎、諸濤山等，
1899 年生於浙江嘉興。上中學時開始畫漫畫。1923 年上海聖約翰大學文學系
畢業後，曾在《上海畫報》從事翻譯和繪畫工作。1927 年秋，與漫畫界同仁

〔註43〕畢克官：《漫畫的話與畫──百年漫畫見聞錄》，中國文史出版社，2002 年版，
　　　　第 285 頁。
〔註44〕黃文農：《文農諷刺畫集》自序，漫畫會叢書，1927 年。
〔註45〕畢克官：《中國漫畫史》，文化藝術出版社，1986 年版。

一起創辦漫畫會，成為該會的骨幹成員，並策劃會徽「漫龍」。

1927 年底，王敦慶發起創辦《上海漫畫》，4 版刊登其連載小說《曼瑜這姑娘》（葉淺予繪插圖），試刊時因報販拒發而夭折，王敦慶便自掏腰包結束了這次失敗的辦報活動。《上海漫畫》繼由張光宇、葉淺予等人於次年 4 月 21 日重新出版，王敦慶仍為該刊主要編輯之一，負責文字。之後，他在創造社任美術編輯，不久加入左聯，創作漫畫《左翼作家聯盟》等。1936 年，王敦慶與葉淺予等發起並成立了中國第一個漫畫研究會，並籌備全國性的漫畫展覽會。全面抗戰爆發後，王敦慶主編《救亡漫畫》，成為抗戰初期團結全國漫畫家從事抗日宣傳工作的重要陣地。抗戰勝利後，王敦慶擔任《大美晚報》助編，並在上海民立中學任教，直至 1962 年退休。1990 年王敦慶去世，享年 91 歲。

王敦慶是 20 世紀二三十年代最為活躍的漫畫家和漫畫理論家之一。他擅長素描，漫畫創作汲取西畫技法，形成獨特風格，有連環漫畫《諸濤山》傳世。王敦慶還是翻澤家，廣泛涉獵外國漫畫資料，介紹國外漫畫史、漫畫家。晚年抱病撰寫《中國漫畫史話》，留下許多寶貴史料。

王敦慶還是個點子型漫畫家，葉淺予的《王先生》便是在他的參與策劃下完成的。《上海漫畫》創刊在即，受外報附送長篇漫畫發行方式的啟發，編輯部決定讓葉淺予創作一個有中國特色的長篇連環漫畫。葉淺予先構思了一個怕老婆的故事，初定名為《上海人》，後在王敦慶的建議下改名為《王先生》，因為「中國姓王的最多，名字叫得響。」〔註46〕葉淺予後來回憶說：「他還幫助我設計主角的具體形象——瘦長條，尖鼻子，兩撇鬍子，像個久住上海的鄉下財主；給他配上個矮胖太太，加上個愛打扮的女兒。至於他的朋友小陳，是個富家子弟，配上個兇神惡煞的老婆」〔註47〕王敦慶的文才在當時的漫畫界也頗富盛名，很多漫畫家出版作品集都請其作序，他曾為《文農諷刺畫集》《淺予速寫集》撰文作序。

七、「貓翁」──張振宇

張振宇，又名張正宇，字行之，筆名石門老人，堂號愛墨屋，自喻阿福張三，江蘇無錫人。張振宇生於 1904 年，小長兄張光宇 4 歲，次兄曹涵美 2

〔註46〕葉淺予：《細敍滄桑記流年》，中國社會科學出版社，2006 年版，第 64 頁。
〔註47〕葉淺予：《細敍滄桑記流年》，中國社會科學出版社，2006 年版，第 64 頁。

歲，自幼酷愛繪畫，尤愛無錫惠山泥人。早年上過私塾，後在麵粉廠當練習生。1922 年，17 歲的張振宇隨張光宇去上海，學習繪製廣告和布景，並在長兄的引導下開始漫畫創作。兩人還開設了一家小型美術印刷廠。

1925 年 8 月，張振宇參與張光宇主編的《三日畫報》。次年 12 月，加入漫畫會。1928 年 4 月參與創辦《上海漫畫》。後又與長兄組建時代印刷廠和時代圖書公司，並參與創辦《時代漫畫》《時代畫報》《獨立漫畫》等畫刊。他不僅為這些畫刊提供漫畫作品、設計封面，而且還從事印刷、出版、發行等工作。抗戰全面爆發後，曾短期出版《抗日畫報》《新生畫報》，並創作一批抗日題材的漫畫。

1937 年底，張振宇流亡香港，先後擔任《申報》畫刊主編、《星島日報》印刷部主任、《新聞報》美術編輯，並與人合辦《大眾生活》。編輯出版《如此汪精衛》漫畫集，繼續進行抗日宣傳活動。日本人企圖脅迫其加入親日的《大同》雜誌，他被迫棄文從商，與人合開福祿壽飯店。日本佔領香港後，將其列入黑名單，張振宇只得於 1943 年春逃往桂林。在桂林與張光宇開辦家具裝飾公司，並參加熊佛西等人組織的「文墾團」活動。

1945 年春，張振宇與張光宇一起回到重慶，籌辦中國美術工廠。抗戰勝利後，返回上海。不久被臺灣省建設廳聘為專門委員，並擔任臺灣旅行社常務理事，負責編印《光復後的臺灣》畫集。1949 年 9 月至香港。不久，張振宇與在港的一批藝術家應北京青年藝術劇院院長廖承志的邀請，回到新中國參加社會主義建設，擔任青年藝術劇院舞臺美術顧問。從此，他致力於舞臺美術設計工作，參與了 60 餘齣中外劇目的設計工作，著名的有上世紀 50 年代的《馬蘭花》《抓壯丁》，60 年代的《文成公主》《李自成之死》等。

同時，張振宇還先後兼任《人民畫報》《美術》《戲劇報》編委，《解放軍畫報》《解放軍文藝》《中國建設》等刊物的美術顧問，並被選為中國美術家協會理事、中國戲劇家協會理事及北京市政協委員等。此外，他還從事工藝、裝幀、裝潢、影劇以及展覽會、團體操、節日遊行的美術設計。1965 年，張振宇為第三屆全國體育運動會設計的團體操《革命讚歌》獲金質獎。他還與張光宇合作創作了大型動畫片《大鬧天宮》。

張振宇的漫畫作品勇於創新，充滿了民族氣派、民間藝術趣味和裝飾美。他在油畫、國畫、雕塑、書法、金石等方面也頗有建樹。晚年多作水墨小品，尤愛畫貓，將神態各異的貓納入基本圖形，或方或圓，無不生動活潑，呼之

欲出，故有「貓翁」之譽。所作篆隸別具一格，其書法形式美得力於繪畫和工藝美術。他的書畫、金石作品後來彙集成《張正宇書畫選集》《張正宇書畫金石作品選》出版。1976 年 10 月 27 日張振宇病逝，享年 72 歲。

八、工筆大師──曹涵美

曹涵美，1902 年出生，無錫北門外三里橋人。原名張美宇，與張光宇、張振宇為同胞兄弟，行二，因 10 歲過繼給無後的舅舅而改姓曹。張氏三兄弟因卓越的藝術成就，被漫畫界譽為「一門三傑」。

張氏三兄弟畫風明鮮不同，張振宇和張光宇比較接近，而曹涵美則與兩兄弟大相徑庭，獨具一格。1915 年，長兄張光宇來到上海，師從張聿光學習繪畫，後把三弟張振宇招來上海，一起畫布景，並從事漫畫創作。而曹涵美從小在嗣父家中，專心臨摹陳老蓮、仇十洲、改琦、費曉樓、任伯年和吳友如的人物畫，其所繪的《天女散花》《嫦娥奔月》《花木蘭》等古裝仕女圖，深受當地人的喜愛。他還給《錫報》畫漫畫，發表諷刺漫畫《兵變畫謠》20 幅，揭露軍閥混戰給無錫百姓犯下的種種罪行。

1928 年，曹涵美來到上海，幫助張光宇、張正宇兄弟經營東方美術印刷公司。漫畫會成立後，曹涵美成為該會成員，並參與《上海漫畫》的創辦，繪製了《一樣的迷眼》《花木蘭》等漫畫作品，贏得漫畫界的廣泛讚譽，「一門三傑」的稱呼由此而來。

圖 1-11　第 27 期 5 版《花木蘭》

　　1930 年，經張正宇介紹，曹涵美到邵洵美開辦的新月書店任經理，負責發行新文藝刊物。1932 年，張氏三兄弟與邵洵美合辦上海時代圖書公司，曹涵美擔任會計兼編輯，並參與出版《時代畫報》《時代漫畫》《時代電影》等刊物，其漫畫創作也進入鼎盛時期。他不但參加上海一系列的漫畫組織活動，還積極為《時代漫畫》《旁觀者》《漫畫半月刊》《上海漫畫》月刊投稿，代表作有《金瓶梅》《酒色財氣》《李瓶兒》《春宴》《十里洋場》等。他所撰寫的漫畫評論文章《五種連續漫畫》，被同仁視為現代漫畫理論研究的力作。

　　1936 年 3 月，由魯少飛主編的《時代漫畫》因發表諷刺國民黨當局的漫畫被勒令停刊，後改名《漫畫界》繼續出版，不久曹涵美繼任該刊主編直至停刊。1936 年 11 月 4 日，中國漫畫史上第一屆全國漫畫展覽會舉辦，《漫畫界》第 7 期改出《全國漫畫展覽會第一屆出品專號》，曹涵美為此撰寫了《本屆「全國漫畫展覽會」出品我見》一文。後展覽會赴外地舉行流動展覽，途經廣西時遭日軍空襲，全部作品化為灰燼，而《漫畫界》第 7 期專號為這次展覽會保存了一些作品圖錄，成為了中國漫畫史上的一份重要文獻。

　　1937 年全面抗戰爆發後，曹涵美流寓香港、昆明、蘇州、南京、廣州等地，以賣畫為生。最多時為 4 家報館提供連環畫稿件，題材多為長篇歷史小說，諸如《水滸》《西廂記》《紅樓夢》《儒林外史》《長恨歌》《聊齋》《家》《霸王別姬》等。1941 年，曹涵美在上海擔任汪偽中央宣傳部藝術科科員，第二年任科長，曾在宣傳講習所講授漫畫知識。後在張光宇勸說下辭職。1943 年 6 月，曹涵美與妻子袁毓英（別名可風）從上海回到家鄉無錫西河頭，兩人開設「涵美可風畫室」，以賣畫為生，同時為無錫《人報》《新錫日報》《大錫報》畫報眉和漫畫，並兼作編輯、校對。1945 年接任同億布廠經理。1950 年 12 月 27 日，同億布廠由國家接管，成為地方國營企業，他仍留廠工作，歷任秘書、統計員、會計員等職。1953 年曹涵美被錯劃為右派，1959 年又被錯定為歷史反革命。1965 年後至無錫毛巾廠設計室工作。1975 年曹涵美在無錫病逝，終年 73 歲。1979 年 10 月，其錯案得到平反改正。

　　曹涵美一生的繪畫創作，最為傑出的代表作就是常被人們提及的《金瓶梅》插圖。據其《我怎樣畫工筆劃》一文稱，創作《金瓶梅》的動機，是受民國初年上海美校模特兒事件的影響。他想專畫人體，未免單調，如能與故事聯繫，更能體現人物性格，於是便選定寫盡封建社會醜態的「天下第一奇書」《金瓶梅》。長兄張光宇對此十分支持，還送他一冊清宮珍藏的珂羅版《燕寢

怡情》人物圖冊供其參考。他將全部精力投入《金瓶梅》創作中，據當時評論
家介紹：「已三易其作，一筆不苟，獨運匠心，一紙稿成，審視至再，偶有不
如意筆，必毀重繪。時間之消耗，精神之損失，在所不計，終日矻矻，埋首窗
前，焚膏繼晷，夜半不眠，歷三四年如一日。此種研究藝術之真精神，誠為不
可多得。」〔註48〕1934 年 2 月《金瓶梅》插圖在《時代漫畫》連載後，在上
海灘風靡一時，也成了《時代漫畫》的金字招牌。當時很多人把《金瓶梅》插
圖與仇十洲、費曉樓的仕女畫相媲美，足見曹涵美在藝林中的地位。

九、思漢齋主──鄭光漢

　　鄭光漢，乳名榮復，福建永春縣石鼓鄉桃星村人，生於清宣統元年（1909
年）。童年就讀於南湖小學，後進入省立第十二中學（今永春一中）和廈門集
美中學，畢業後任永春南湖中學教員，繼又升入上海東吳大學法律學院深造。
在校期間，對美術產生濃厚興趣，遂潛心鑽研，對漫畫、速寫、國畫、書法均
有所涉獵。1929 年，鄭光漢參與《上海漫畫》編輯工作，創作了封面畫《可
望而不可即》《欲的一剎那──電車裏》以及充滿南洋風情的《夏》。

圖 1-12　第 66 期封面《夏》

〔註48〕許志浩：《漫畫家曹涵美及其〈金瓶梅〉插圖》，《世紀》，2003 年第 3 期。

1932 年「一・二八」淞滬抗戰爆發後，鄭光漢南渡新加坡，1934 年主編《南洋商報》畫刊。他在傳播中華藝術、發展南洋文化的同時，還持續給上海《時代畫報》供稿。他的漫畫，大多以南島風物、南洋生活為題材，讓人耳目一新。他在融合中國書法、畫法和西洋繪畫技法基礎上，創造了獨具一格的速寫畫，其用炭條、鉛筆、鋼筆所畫的速寫，一如其使用毛筆，故能於端莊中雜流麗，於剛健中含婀娜。1947 年鄭光漢返鄉期間，創作了許多速寫畫，其中《鵬峰曉霧》《綠陰》《山阿》《熹微》《激湍》均收入《鄭光漢速寫》畫集中，1965 年由新加坡中華書局出版。

鄭光漢亦善詩文。在日寇佔領新加坡期間，他蟄居斗室，借詩文抒寫胸中憤鬱，名其室曰「思漢齋」。劉海粟曾作《思漢齋圖》相贈。這些詩文，大多收入他的《蘭花集》中。

鄭光漢久居新加坡卻沒有忘懷祖國，曾經多次回國。1971 年，時任中國美術家協會副主席葉淺予通過香港《文匯報》發文，希望他再度回國觀光。鄭光漢喜出望外，不幸在辦理回國護照過程中發病去世。

十、《上海漫畫》的三位攝影師

《上海漫畫》的班底主要由三位漫畫家和三位攝影師組成，漫畫家為張光宇、張振宇和葉淺予，攝影師則是郎靜山〔註 49〕、胡伯翔（時任虎標萬金油的廣告代理人，在英美煙草公司畫月份牌廣告）、張珍侯（洋行買辦，做顏料生意）。

攝影術發明於 1839 年，自 19 世紀 40 年代傳入我國。攝影作為一種新生事物，在很長時間都被視為奇技淫巧，受到畫界大多數人的抵制。民國成立後，藝術界、教育界的一些專家、學者逐漸改變了對攝影的看法。張大千在《靜山集錦張序》中公開承認攝影即繪畫，繪畫即攝影，因為兩者都是為了表現「胸中之丘壑」，「道雖殊而理同」。《大眾》第 3 期封面蔡元培為攝影藝術正名：「攝影術本為科學上致用的工具。」〔註 50〕正是由於攝影術的引入和發展，使畫報

〔註 49〕郎靜山（1892～1995 年），浙江蘭溪人，12 歲進上海南洋中學讀書，受愛好攝影的美術教師李靖蘭啟蒙。19 歲到上海申報館工作，成為中國第一位攝影記者。1927 年，與胡伯翔、張珍侯、陳萬里等人在上海組建中華攝影學社，同年又在滬組織成立中華攝影學會。1935 年起致力集錦攝影研究。1949 年到臺灣，1953 年在臺北以「中華攝影學會」的名義進行攝影活動。一生共有 1000 多幅次作品在世界沙龍攝影界展出。1995 年在臺北逝世，享年 104 歲。

〔註 50〕蔡元培：《二十五年來中國之美育》，《寰球中國學生會二十五週年紀念刊》，1931 年 5 月。蔡元培：《蔡元培美學文選》，第 191 頁。

的內容和形式都得到極大拓展，從而奠定了畫報繁榮發展的基礎。

　　對於《上海漫畫》而言，漫畫與攝影的結合除了編輯們的時尚趣味外，也與當時畫報的流行趨勢有關。20世紀二十年代末，上海的攝影風頭正勁，攝影家們願意和畫家們合作創辦報刊。他們之間相互影響，彼此進益，優勢互補。

　　郎靜山的攝影仿中國畫、寫意抒情和師古之法，他運用繪畫技巧與攝影暗房曝光的交替重疊，創立「集錦攝影」藝術，西方人稱之為「郎氏風格」（Lang's Style）。在《集錦照相概要》中，郎靜山開宗明義談到集錦攝影的特點：「雖同一拼合，但經作者放映時之意匠與手術之經營後，遂覺天衣無縫，其移花接木旋乾轉坤，恍若出乎自然，迴非剪貼拼湊者可比擬也。此亦即吾國繪畫之理法，今日實施於照相者也。」

　　《上海漫畫》的漫畫家們酷愛客串攝影，他們的攝影作品常常見諸報端。總的看來，這些漫畫家的攝影作品受到郎靜山、胡伯翔的畫意攝影影響，比較朦朧唯美。葉淺予還跨界撰寫過一篇《化裝與攝影的技巧》專業文章。第38期六、七兩版刊登了葉淺予的《西湖三日》一文，文章配有葉淺予和張振宇的旅途留影，記錄了他們出遊中的點滴感受。漫畫家們似乎並不介意將自己的私生活公之於世，而攝影家們也樂成其事，郎靜山就曾為黃文農和魯少飛的戀人拍攝玉照並在《上海漫畫》發表。在第43期中，更是赫然刊登了「最近本報著作者之夫婦雙影」，包括丁悚夫婦、曹涵美夫婦、黃文農夫婦、張光宇夫婦、葉靈鳳夫婦、祁佛青夫婦，反映了漫畫家和攝影家的友情和交誼。同時漫畫家也以幽默之筆為攝影家留下漫畫肖像。第6期八版，黃文農就為郎靜山畫過一幅簡筆畫肖像。

　　在《上海漫畫》創辦過程中，漫畫家與攝影家始終互相支持支撐著這本畫報的視覺呈現，漫畫與攝影一起構成了《上海漫畫》對於上海城市的認知與判斷，在視覺圖像中共同營造了讀本中的上海都市。

第四節　《上海漫畫》的興起與中國美術近代化

　　《上海漫畫》緣何在20世紀二三十年代之交興起？只有將其置於中國美術近代化的歷史背景中去考察，才會發現《上海漫畫》與中國近代美術發展進程相契合，從而發中國漫畫發展第二次高潮之嚆矢。

　　中國美術近代化是在「藝術救國」理念下展開的。伴隨著民主與科學思想

的廣泛傳播，「藝術救國」也繼「科學救國」「實業救國」的提出而漸成思潮，無數藝術學子以「藝術救國」為己任，高舉「美術革命」的大旗從事新美術教育運動。五四運動的啟蒙和西洋繪畫的傳入，給衰退中的中國傳統繪畫以強大的衝擊。中國傳統繪畫究竟向何處去、如何傳承和發展，已成為中國藝術家千方百計尋求的答案。在此背景下，徐悲鴻、林風眠負笈歐洲，將西洋繪畫引進中國，前者側重古典，後者注重現代，以補傳統中國繪畫之不足；齊白石、黃賓虹借古開今，在恪守中國傳統文脈中奮勇競進。兩派各擅勝場，均取得不俗成績，但其不足之處唯在與中國社會現實相脫節，與大眾生活相疏離。

在此關鍵時期，以張氏三兄弟、魯少飛、葉淺予為代表的起於草根、未經過科班教育的「雜畫家」們，於20世紀二十年代末應運而生，彌補了兩大派之不足。他們根植於中國民間藝術和傳統藝術，卻能對西方現代藝術心有靈犀，僅僅依靠一些出版物、印刷品的滋養，就開闢了另一條現代美術之路。他們趁著20世紀二十年代末三十年代初國民政府立足未穩、無法全面控制意識形態的有利形勢，依託上海這座中國開埠最早、東西文化交匯的現代國際大都市，借助現代資本的力量，通過《上海漫畫》，創出一種土洋結合的中國現代繪畫——漫畫。他們都是自由職業者、獨立文化人，依靠自己的藝術才華和良知從事美術事業，並根據社會需求、市場需要進行創作，其藝術手法無拘無束、藝術形式千變萬化，作品深入千家萬戶，其影響之大遠超「海歸派」的油畫與「傳統派」的中國畫。尤其難能可貴的是，相比「海歸派」主要受西方影響，張光宇等人對西方現代藝術的借鑒是在中國民間藝術和傳統藝術的基礎上進行的。這不是一般意義上的中西結合，而是在西方現代藝術的激發下，尋求到了民族新藝術的生命之根。中國近現代漫畫最直觀的民族性首先體現在中國畫技法的應用。當時許多漫畫作者既受到系統的西方美術教育，也深受中國傳統的民族藝術的薰陶。雖然這一時期的漫畫藝術在人物刻畫上運用西方藝用人體解剖學的知識，在漫畫構圖上也採用了西洋焦點透視法而非中國畫之散點透視法，但他們仍主張西洋繪畫技法並不能完全替代中國畫技法。正如中國現代漫畫事業的先驅豐子愷先生所提出的，「故將來的繪畫，可說是東西合璧的繪畫。——不過，這所謂東西合璧，不是半幅西洋畫與半幅東洋畫湊成一幅，而是兩種畫法合成一種」〔註51〕。他也非常讚賞日

〔註51〕豐子愷：《將來的繪畫》，見豐子愷《藝術叢化》，長沙：嶽麓書社，2010年版，第32頁。

本畫家竹久夢二的繪畫是「熔化東西洋畫法於一爐。其構圖是西洋的，畫趣是東洋的。其形體是西洋的，其筆法是東洋的」。從這段論述中我們可以看出，中西合璧的繪畫風格在近現代漫畫領域中得到的廣泛認可和期許。這種風格在漫畫領域的風行正是由於漫畫的創作和表現不拘一格，不受繪畫種類的限制，因此漫畫中源自西方繪畫的表現圖式和藝術特徵，以及我國民族繪畫的工具、技法都能在漫畫領域得到最大程度的應用和發揮。

　　西方繪畫技法的傳入對中國漫畫家的創作手法產生了巨大變革，自此中西合璧的漫畫應運而生。然而，中國自古便有識字不看畫的心理慣性，所以漫畫這種形式往往為歷代文人所不齒，認為是不登大雅之堂的通俗文化。《中華民國美術史（1911～1949）》將漫畫歸於「通俗美術」之列，通俗美術是指「易為民眾理解、具有廣泛讀者的通俗性藝術作品。……它既有別於工藝美術，又有別於『正宗』美術；於兩者兼而有之，又有其獨特之處，與社會經濟文化的發展變革息息相關，是典型的美術社會類型」。因此，漫畫以其現實性強、群眾性強之特點可以作為教化民眾的有力工具，其獨特的藝術魅力和敏銳的戰鬥力成為政治宣傳的重要藝術形式。故張仃先生指出：「有人認為：30年代文學創作成就最高的文體，不是小說、詩歌、散文，而是雜文，其代表作家是魯迅。繪畫成就最高的畫種，不是中國畫、油畫，而是木刻與漫畫，其代表作者為張光宇。我以為這樣的提法不無道理。當時正處於民族危亡的關頭，外敵入侵，當權政府腐敗，民生塗炭，雜文與漫畫是最需敏銳的政治嗅覺與迅速而強烈的藝術表達手段，故稱雜文與漫畫為『戰鬥匕首』，是與黑暗勢力搏鬥最直接有效的工具，通過出版能夠深入各個階層平民百姓之家。」〔註52〕通俗文化與精英文化各有自身的特點和發展規律，只能相互影響而不能互相取代，但是抗日戰爭的全面爆發卻給了漫畫一個施展身手的機會，成為喚起民眾投身抗戰的有效工具。1937年全面抗戰爆發後，在漫畫運動中心的上海，漫畫家們很快成立了「上海漫畫界救亡協會」。「八・一三」淞滬抗戰時，他們組成了救亡漫畫宣傳隊，葉淺予為領隊。後來這支宣傳隊途徑武漢，還出版了刊物《抗戰漫畫》，深受群眾歡迎。「在中華民族生死存亡的重要時刻，上海的漫畫家們決心要用漫畫來把日寇的侵略行徑揭露出來，為抗日救亡而大聲疾呼。」〔註53〕

　　張仃先生還指出：「中國現代美術史一大漏洞：主要篇幅敘述正統藝術與

〔註52〕張仃：《中國漫畫書系──張光宇卷》序言，河北教育出版社，1994年版。
〔註53〕宣文傑：《第一屆全國漫畫展覽會》，《北京日報》，1980年12月14日。

藝術家，中國畫、油畫，齊白石、張大千、徐悲鴻、劉海粟。而對大批雜誌畫家很少接觸（除版畫外，漫畫、插圖、裝飾畫、實用美術很少介紹）。張光宇以及 20 世紀三十年代一批老藝術家的作品深入千家萬戶，其社會影響之大，較之中國畫、油畫有過之而無不及。」〔註 54〕這是我們能否重新改寫中國美術史，能否影響中國美術未來發展的重大課題，也是重新認識張光宇以及《上海漫畫》藝術遺產的意義之所在。

〔註 54〕李兆忠：《張仃：光宇有如陳酒》，《收藏》，2018 年第 5 期。

第二章　《上海漫畫》彩色石印與
單色鉛印中的豐富圖像

　　《上海漫畫》為圖文並茂的漫畫週刊，每期 4 開 8 版，每週六發行。其中，一、四、五、八版為彩色石印，主要刊登漫畫；二、三、六、七版為單色鉛印，主要刊登攝影、美術、藝術信息及文章。每期定價初為大洋七分，第 25 期後改為小洋一角，廣告定價為彩色每格每月四十元，單色每格每月二十五元。每出版十期便會出版合訂本，每冊定價大洋一元二角。另外，因《上海漫畫》刊登的連環漫畫《王先生》與攝影作品《世界人體之比較》大受讀者歡迎，也發行合訂本。《王先生》五十回合訂本定價八角，《世界人體之比較》全集售價一元五角。1929 年，中國美術刊行社創辦滑稽畫、諷刺畫函授部，魯少飛任主任，季小波任總務，優秀學生作品經過遴選也會刊登在《上海漫畫》上。

第一節　彩色的社會風俗漫畫與新聞漫畫

　　《上海漫畫》四版彩印漫畫中，第一版為封面畫，第四、五版刊登小格漫畫，第八版為葉淺予繪製的長篇漫畫《王先生》。四、五兩版由葉淺予負責設計，版面最初為漫畫的簡單排列，第 89 期開始編排明顯增強了設計感和審美意識。

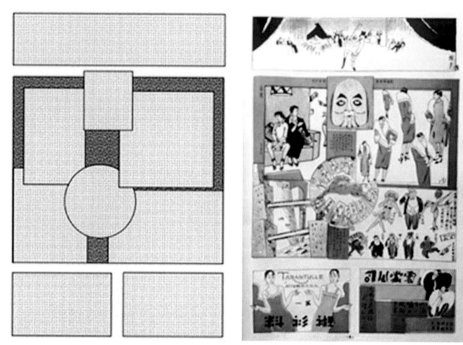

圖 2-1　第 89 期第四版版面設計圖

　　《上海漫畫》週刊共出版 110 期，除 110 幅封面畫外，共刊登漫畫作品 1319 幅，平均每期約為 12 幅，且以單幅漫畫為主。其中，83%（1095 幅）為反映上海風土人情、兩性關係、時尚女裝的社會風俗漫畫，17%（224 幅）為新聞漫畫，主要為揭露政局黑暗、帝國主義侵略壓迫以及社會醜惡現象的諷刺漫畫。在內容上，主創人員更多地通過社會風俗漫畫來表現上海的風土民情，記錄街頭巷尾的芸芸眾生。漫畫作者主要為張光宇、葉淺予、張振宇、黃文農、魯少飛、丁悚、曹涵美等人。1931 年 12 月，中國美術刊行社出版《漫畫大觀》，收錄了在《上海漫畫》上發表過的大量作品，從中我們也可以對《上海漫畫》有一個概貌的瞭解。《漫畫大觀》由葉淺予編並序，共收入作品 148 幅。作者有：張光宇、張振宇、魯少飛、黃文農、葉淺予、萬籟鳴、沈逸千、丁悚、陸志庠、陳秋草、鄭光漢、胡考、郭建英、胡同光等。共分 9 個部分：一、人生哲學，二、是非出入，三、至理名言，四、女性之謎，五、丈夫本色，六、兩性瓜葛，七、都市的腹臟，八、時代病，九、臺上人物。

　　同時，《上海漫畫》每期第八或第五版刊登一兩組描繪上海市民生活的長篇連環漫畫。葉淺予所繪的長篇連環漫畫《王先生》是《上海漫畫》從創刊一直刊載的固定欄目，共刊發了 100 組（另有 10 期因故沒有刊登）。從第 99 期

起，由魯少飛創作的四格連環漫畫《大小団》也開始連載。

表2-1　《上海漫畫》各期漫畫數

單位：幅

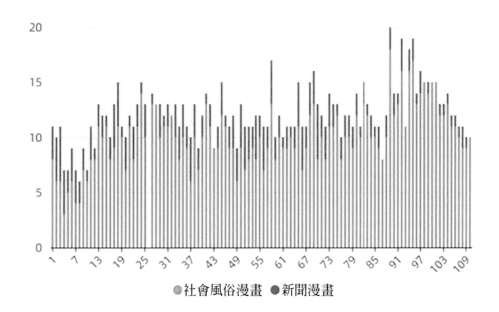

●社會風俗漫畫　●新聞漫畫

第二節　單色的藝術攝影與新聞照片

　　單色鉛印的四版中，二、三、六版以攝影照片為主，七版以文章為主。照片以人物、景物、靜物攝影作品與國畫、版畫、雕塑、建築等藝術作品為主，其中也不乏國內外新聞照片。除編輯部主要成員外，葉靈鳳是《上海漫畫》最主要的文字供稿人，第七版發表連載小說《處女的夢》、散文《雙鳳樓隨筆》和譯作《黑貓》《聖母與尼》《一個斯拉夫的靈魂》。介紹電影、展覽、藝術作品與工藝美術研究的文章常見於六、七兩版。其中，由張光宇集編的《工藝美術之研究》欄目專門刊登世界各國工藝美術的先進經驗，如他在第48期預告中說：「文字與圖畫並重，使了然於世界工藝美術之實況，及補救國內工藝美術之不振，更須推求歷史上之工藝美術……工藝家可得根本改善之借鏡，東方之老大民族處處甘落人後，究須急起直追，工藝美術亦不可忽也。」《新片介紹》欄目主要介紹當時新上映的外國影片，「片子空氣完全德國化」的《學生王子》，講述「哀艷故事」的舞臺劇《紅磨坊》，「富有音樂節奏之樂

趣」的《日出》，種類多樣的影片展現著當時上海電影業的興盛與市民休閒活動的豐富多彩。

1928 年 6 月 30 日，《上海漫畫》從第 11 期起開始設置固定欄目《世界人體之比較》，圖文並茂地介紹世界各國女性的人體，至第 98 期共刊登了 37 篇圖文。第 1 期《世界人體之比較》刊登了 4 幅女性裸體照片，《十九歲之德國少女》《二十歲之印度少婦》《日本之少女》《非洲「霍丁」族婦人》，注文詳解其各自特點：「黑人大都具有特長的兩手，非洲『霍丁』族的婦人，其臀部特別發達，伸出於體外。日本婦人，則下肢過短，與軀幹不稱。印度的女性，發育十分健全，肌肉飽滿而結實，四肢與軀幹的支配，稍帶有男性的情味。白種女性……不論色調、輪廓、肌肉、骨骼，都覺得是超過其他的。但因為立場的不同，有時候我們也極端讚賞別一種人的……」來源於德國攝影集，分析不同種族生理特徵的《世界人體之比較》欄目出版至十來期後，便被租界巡捕房以「有傷風化」起訴至公共租界臨時法院。葉淺予與律師詹紀鳳據理力爭，指明欄目為生理科學研究，不過十來分鐘，法官便當庭宣告被告無罪。

需要指出的是，《上海漫畫》的勝訴與當時時代解放的風潮密不可分。在我國古代，只有春宮圖才有女性裸體畫像。隨著攝影、印刷技術的發展，以及西方雕塑藝術的引進，媒體對女性身體的圖像傳播變得更為容易和直接。經歷了 1925 年和 1926 年的「人體模特兒事件」，由人體模特本身所引申而來的身體話語被看作反封建禮制的象徵而受到認可，「身體解放」也成為新時代知識分子廣泛採取的文化策略。同時也毋庸諱言，人體已被當時的出版界視為一種商業策略，以此吸引眼球，刺激讀者的購買欲，即使辦刊者具有嚴肅的初衷，但是由文本與圖像所建構的色情意味，仍會因牟取商業利潤的緣故而被凸顯。

民國以來，女性身體作為視覺文化的重要圖景日益流行於上海。一種糅合著中國與西方、傳統與現代的文明空氣正氤氳於上海的角角落落，這種文明作為上海現代化的重要體現，主要是由影院、戲院、舞場、大型百貨商場等現代物質文明共同構成的，而以這些物質為載體與平臺的視覺文化隨之興起，影星與舞女遂成為視覺文化符號的象徵。植根於都市文明中的視覺文化，更進一步地與大眾媒體相結合，與市民群體的消費心理建立了密切的聯繫。

攝影照片也是《上海漫畫》的一大亮點。第 78 期《上海漫畫》刊登了一

組題為《金馬號自粵出發經過地方之攝影》新聞照片，注文稱：「金馬號飛機自粵而京，自京而杭，自杭而甬，自甬而滬。為吾國前此所有之盛舉。……」金馬號每飛經名勝要地即俯攝一影，為我們留下了民國時期寶貴的城市影像。除國內新聞照片外，《上海漫畫》還刊登外國新聞圖片，據葉淺予先生回憶：「《上海漫畫》第二、三、六、七四個版有時翻印點外國畫報的新聞圖片，如美國舊金山的《舊金山日報》畫刊，倫敦的《圖畫倫敦》週刊，日本的《朝日新聞》畫刊，都是來源。上海南京路有家賣外國樂器的『別發』洋行，附設一個賣外國報刊的書攤，我和張光宇經常到『別發』去搜購這類報刊，除了供《上海漫畫》翻印外，也尋找個人感興趣的期刊。」〔註1〕

每當重大新聞發生時，該報還登載整版新聞照片。《上海漫畫》創刊不到一個月，適逢濟南「五三慘案」爆發，1928 年 5 月 20 日，第 4 期《上海漫畫》用兩個版的圖片、一個版的漫畫報導慘案。二版刊登濟南慘案中重要人物的照片，以及被日軍慘殺的交涉員蔡公時遺照及其夫人和兒子的照片。圖片說明稱：「濟南交涉員蔡公時先生於日兵屠殺時被害，其死甚慘！為強暴兇惡之日兵將其耳目割去，然後槍斃。實我國最大之恥辱！此次交涉，日人有此慘無人道劣行之鐵證，當無以掩飾其辭矣！」1929 年 5 月，蔣介石與馮玉祥的矛盾達到不可調和的地步，蔣馮戰爭隨之爆發。12 月 7 日，第 85 期第六版刊登西北戰事實地攝影照片 7 幅，記錄了革命軍掘壕、衝鋒、休息以及前線視察、討馮標語等場景。1930 年 3 月 13 至 15 日，上海全市運動會在中華棒球場舉行，預備參赴全國運動會。3 月 22 日，第 99 期六、七兩版通版刊登了葉淺予、鄭光漢兩位漫畫家拍攝的 23 幅照片，為上海首屆全市運動會留下珍貴影像。圖像中，身著運動服的男女運動員、軍樂隊、比賽現場、緊張的女觀眾，將賽場情景精彩呈現。《上海漫畫》通過大量圖像史料記錄現代化進程中上海的社會變遷，將十里洋場的時尚、繁華、糜爛的萬花筒呈現出來，保存了大量的原始細節和原始信息，為今天的社會史、文化史、藝術史研究提供了彌足珍貴的材料。

第三節　《上海漫畫》中的專號

在 110 期《上海漫畫》中，共有 5 期專號：第 26 期「國慶紀念刊」，第 43 期和第 93 期「新春號」，第 79 期「女發號」，第 100 期「上海漫畫百期紀

〔註1〕葉淺予：《細敘滄桑記流年》，中國社會科學出版社，2006 年版，第 112 頁。

念」。專號是以某項內容為中心而編成的一期報刊，更能體現《上海漫畫》編輯者的意圖。

第 26 期「國慶紀念刊」封面畫為張光宇所繪的《國民之魂》，展示了孫中山先生正面、左側面、右側面三個視角的畫像，正面像手持青天白日旗，左側面像手捧天平，右側面像手秉麥穗。魯少飛在下期解讀道：「正中一手執著民族主義的表徵，是要我們達到國際平等！左面一手執著民權主義的表徵，是要我們做到政治平等！右面一手執著民生主義的表徵，是要我們辦到經濟平等！」封底是大前門香煙的整版廣告，坐在敞篷轎車裏的人們帶著大前門香煙去參加慶祝雙十遊藝大會，與專刊主題相呼應。除封面、封底為彩印外，其餘六版均為黑白印刷。第二版至第七版刊登了 66 幅照片，前三版介紹中國革命與要人，後三版介紹法國、俄國、美國、土耳其革命。為慶祝國家的誕生，編輯部別出心裁，用業已刊出的《上海漫畫》24 期封面拼成「雙十」形刊登在第四版底部，並稱：「我們覺得從出版到現在經過了不少的艱難困苦，總算從慘淡中得了一些經驗，不敢自誇成功，還須格外的努力，正和我們中國的革命前途也須格外的奮鬥，努力到最榮耀的一天。」

圖 2-2　第 26 期《國民之魂》封面　圖 2-3　第 26 期封底大前門香煙廣告

　　《上海漫畫》在兩年多的出版時間裏，度過了 1929 年和 1930 年兩個新年，出版了兩期新春專號，分別為第 43 期和第 93 期。1929 年是農曆己巳蛇年，第 43 期頗具裝飾風格的「新春號」封面畫為張光宇所繪，他採用中國傳統民間藝術和西方現代藝術相結合的裝飾手法設計圖文，畫中草木競發，男人持禾，女人攜花，一派生機盎然的新春景象。第二版和第三版是中西有關蛇的圖畫、雕塑和拓本。第五版除廣告外是整版與蛇年有關的漫畫，左上圖是張振宇所繪的《新年的兩種投機事業》，上為馬戲團的老闆在敲鑼招攬看客，門邊廣告牌上寫著：「請看大蟒蛇，每位六文。」下為臂上纏蛇的賣藝窮小子，伸出錢盆討賞，口誦「今年四季大發財！」右下圖是葉淺予所繪的《生肖會議》，十二生肖聚在一起開會。注文為：「蛇道：『近來外面風聲不好，聽說有許多反動分子要打倒我們；龍大哥狼藉而歸，我此去恐更不利吧？』」對日益緊張的時局進行諷刺。

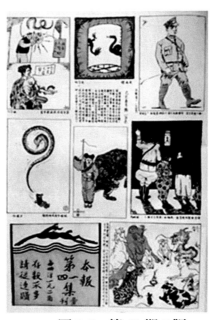

圖 2-4　第 43 期「新春號」封面　　　圖 2-5　第 43 期 5 版

　　1930 年是農曆庚午馬年，第 93 期「新春號」封面畫為張振宇所作。他仿漢畫像石「車馬出行圖」朱砂拓形式繪製，頗似一幅新春剪紙，洋溢著節日的喜慶氣氛。第二、三、六、七版刊登外國的馬雕塑和中國古代有關馬的繪畫、雕塑、剪紙及畫像石拓片，第四、五兩版為生肖與新年主題的漫畫，第八版《王先生》則講述過年故事。

圖 2-6　第 93 期「新春號」封面

圖 2-7　第 93 期 4 版、5 版

　　20 世紀二三十年代，上海都市女性形象的裝扮，很大一部分的參照來自西方。好萊塢當紅女星瓊‧克勞馥（Joan Crawford）、葛麗泰‧嘉寶（Greta Garbo）克拉拉‧鮑（Clara Bow）在各大影院和流行畫報上頻頻出現，展現她們無與倫比的魅力。她們優雅的捲髮、新穎的洋裝以及首飾、高跟鞋等，都被上海都市

女性競相模仿，就連中國本土女星蝴蝶、阮玲玉的造型中也不乏西式裝扮。第
95 期中魯少飛的漫畫，告訴我們在 1930 年女性最流行的是模仿美國電影明星
克拉拉‧鮑，從髮式、著裝、舉手投足乃至一個媚眼，無不纖毫畢肖。

圖 2-8 第 95 期 4 版

為了準備第 79 期「女髮號」，編輯部把全上海的理髮店都跑了個遍，但
除了幾家備有幾頁外國理髮樣本和雜誌外，找不到他們自己設計的髮型，好
在有熱心友人的幫助，總算搜羅到可以刊登的照片。照片中的各類女性，在
當時的上海頗有地位，或是電影明星、交際花，或是學校皇后，這些摩登女
性引領著上海的時尚潮流。當時上海女性流行燙髮和短髮，短髮中以輕盈活
潑的及肩長髮最為常見，「毛掃帚」尤為風行一時。第 78 期曹涵美的《毛丫
頭懷疑著》記錄了這一現象，畫中的毛丫頭對「毛掃帚」的風行頗感困惑：
「怎麼我紮了毛掃帚、赤了腳，人家都說我是丫頭腔，嫌不好看。而現在的
小姐奶奶們，頭髮留得也像毛掃帚，腳上也赤了腳，人家倒都說是時髦呢？」
「女髮號」第 6 版是葉淺予在巴黎飯店跳舞場繪製的十二種女性髮型速
寫，均為短髮或中長髮，獨不見長髮的蹤影。關於長髮的失寵，鄭光漢在《今
日婦女界的頭髮》一文中解釋道：「長髮在過去亦有它的美處，不過以它的缺少
變化性和累曳，在今日考究新而便的時代，已不能承認其為適合。」〔註 2〕在
今天看來，燙髮是個人對時尚的正當追求，但在民國時期，在傳統道德觀念的

〔註 2〕鄭光漢：《今日婦女界的頭髮》，第 79 期《上海漫畫》第 3 版，1929 年 10 月
26 日。

束縛與政局動盪的國情下，燙髮的摩登女性極易引發大眾媒體和政治權力的批判與干預。衝突中，政治獲得了話語權的勝利，如山東省政府主席韓復榘曾下令，「見有摩登女郎姨太太捲髮者，輒捉入衙門剃光，然後放出。」〔註3〕

　　民國以來，女性對於髮式裝飾的重要性越來越重視。辛亥革命後，在一些激進的女權主義者中，曾流行日本式的東洋髮式，後又掀起過短暫的剪髮熱，但很快受到北洋政府整頓風俗的打壓。五四運動前後至北伐戰爭期間，剪髮又流行起來，那時短髮被視作進步和知識的象徵，廣州等地的女界成立了「女子剪髮社」，表示「為節省金錢、時間與便利做工，特極力提倡女子剪髮」。〔註4〕上海有的理髮店為招徠顧客，推出這樣的廣告詞：「女子剪髮，全球風靡。秀麗美觀，並且經濟；式樣旖旎，梳洗容易。設施新異，手藝超群。閨閣令媛，請來整理。」〔註5〕20世紀20年代初，上海的百樂理髮店等開始經營燙髮業務。30年代，這種舶來髮式便在全國大中城市流行開來。但就大多數婦女而言，尤其是農村婦女，主要還是梳成髮髻，有圓型、橫豎S等造型，配以金銀、玉質的簪、釵、釧等飾物。尚未出嫁的女孩，大多腦後垂辮；顯示其時髦與否的主要標誌是額前式樣繁多的劉海。

圖2-9　第78期第7版《毛丫頭懷疑著》

〔註3〕涂鳴華：《時尚與政治的糾葛：民國時期中國女性燙髮的媒介呈現》，《新聞愛好者》2014年第6期，第28～31頁。

〔註4〕汪壽松、周俊旗：《民國舊事老新聞1920～1923》，天津人民出版社，1998年版，第57頁。

〔註5〕羅蘇文《女性與近代中國社會》，上海人民出版社，1996年版，第177頁。

圖 2-10 第 79 期「女髮號」第 6 版

　　第 100 期是「上海漫畫百期紀念」專號，封面畫是張光宇所繪的《漫畫家的夢》。畫中，一位左手執筆、右手支頤的漫畫家正坐在畫板前陷入沉思，想像著未來中國的美好遠景，背景便是《上海漫畫》創刊號封面《立體的上海生活》。二、三兩版刊登 7 篇紀念和回憶文章，張光宇的《寫在百期紀念之前》說：「在這短促的時日裏，我們謹將每一個星期榨取出來的腦汁，和趕著編輯與印刷，來完成這百期的小小一個功德！」並寫下未來的期許：「務使分外的努力，我們還準備著一些紙和墨，儘量搜索出人間唯美的天堂在哪裏？」葉淺予在《漫畫生活》中回憶了 3 年前創刊時的情景：「幾個人憧憬著一種希望，覺得很快意，這正是我們在籌備《上海漫畫》的出版。但那時每人的腦中，只是期待著一個夢的實現，也只是把我們一點餘留的精神時間來開墾這自己的園地吧（罷）了。……我們沒有寫過一次癲狂的標語，也沒有訴過一回駭人的豪談！到現在，一百個星期的生命是這樣的延續著。」五版還登有張振宇的漫畫《墨汁和腦汁的結晶》，形象地描繪了《上海漫畫》同人為刊物付出的汗水和辛勞。

圖 2-11　第 100 期封面《漫畫家的夢》

圖 2-12　第 100 期 5 版《墨汁和腦汁的結晶》

第三章　最重要的生命：《上海漫畫》之封面畫

上海自開埠以來，報刊裝訂逐步擺脫了傳統的線裝方式，採用現代的「洋裝本」裝訂，封面除了保護內頁和檢索功能外，還加入了圖像的傳播功能，從而進入了「封面畫」時代。

第一節　《上海漫畫》封面畫的特點

《上海漫畫》編輯部最為用心的是其封面畫。第 1 期《本社啟事》稱：「像封面，該應是出版物最重要的生命。」[註1] 在首因效應的影響下，讀者往往會根據封面判斷出版物的可讀性，因而封面的設計與質量直接關係到出版物的風格定位與銷量。

一、《上海漫畫》封面設計及其作者分析

《上海漫畫》封面畫主要出自張光宇、黃文農、葉淺予、魯少飛、張振宇 5 人之手。在版式設計上，從創刊號到第 17 期，封面由報頭、封面畫、底部廣告三部分組成。從創刊號到第 10 期，這三部分相互割裂地呈現在版面上——九分之一的報頭；九分之二的廣告；剩下三分之二，接近於正方形的版面才是封面畫。第 11 期以後，封面廣告根據封面畫的顏色嵌套在留白部分，報頭的形式也更加變化多樣。從第 18 期開始，封面廣告取消，為封面畫的藝

[註1]《本報啟事》，第 1 期《上海漫畫》第 7 版，1928 年 4 月 21 日。

術呈現留出更大空間。值得注意的是，漫畫作為一種新型的藝術門類，在當時受西方漫畫影響較大而本土化程度不高，不少漫畫意涵較為抽象含蓄。針對這些閱讀門坎較高的封面畫，《上海漫畫》常會在下一期第七版進行解讀，此類文字多由文學素養較好的魯少飛執筆。

表3-1 　《上海漫畫》封面畫作者表

期　　數	作　者	數　量
1、6、11、14、20、26、31、38、43、54、60、67、72、83、88、95、100、108	張光宇	18
2、7、12、16、21、28、32、39、46、55、61、69、75、81、86、92、97、105、109	黃文農	19
4、9、15、19、24、30、36、41、45、59、68、74、78、89、96、103、110	葉淺予	17
17、22、29、33、40、47、58、64、70、76、80、85、87、94、101、104、106	魯少飛	17
5、18、35、42、48、57、62、71、77、79、84、91、93、98、107	張振宇	15
66、99、102	鄭光漢	3
8、13	懷素	2
10、90	萬籟鳴	2
3	魯了了	1
23	陳秋草	1
25	方雪鴣	1
44	慧眼	1
49	丁悚	1
50	曹涵美	1
51	馮士英	1
52	楊明之	1
53	胡同光	1
56	徐進	1
63	楊術初	1
65	孫青羊	1
73	陸志庠	1
34	陳杜也	1
37	LF（待考）	1
27、82	作者不詳	2

二、《上海漫畫》封面畫的價值觀

　　由於《上海漫畫》對於封面畫質量要求甚高，起初所有的畫稿都是由編輯部的主筆們包攬；出版一年後，編輯部的老手們才敢放開手腳，讓新人佔領封面這塊高地〔註2〕。1929 年 3 月，編輯部面向社會公開徵集封面畫。在徵集的五十餘幅畫稿中，遴選出前三名分別刊登在 51 期、52 期、53 期的三期封面上。傳播媒介傳遞的信息不是對社會的鏡象呈現，而是「選擇性表達」。從這三幅精心挑選的封面畫中，我們可以大略窺探出《上海漫畫》的封面價值觀。《快樂的青春》是此次徵集活動的第一名，梅花樹下，三位身穿旗袍的妙齡少女手挽著手在芳草地上嬉戲賞景，畫面色彩鮮豔亮麗，洋溢著青春活力。第二名《噲！》，一位西裝革履的男士斜倚在欄杆上，偷窺著遠處兩個手撐洋傘的窈窕淑女，口中發出「噲！」的驚呼聲。第三名《漂萍》是一幅象徵主義繪畫，月光下，一枚畫有女人體的漂萍同落葉一起隨波逐流，暗示著女性依恃自身色相的最終結局。從這三幅畫作大致可以看出，《上海漫畫》封面畫的選擇標準：在畫面上，傾向於色彩豔麗，具有強烈色彩對比的畫稿；在內容上，傾向於通俗易懂，傳播新文明與新思想，抨擊不良社會風氣的畫稿；在藝術上，傾向於中西畫法結合，既有本土特色又兼具前衛藝術的畫稿。

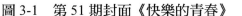

圖 3-1　第 51 期封面《快樂的青春》　　圖 3-2　第 52 期封面《噲！》

〔註2〕葉淺予：《細敘滄桑記流年》，中國社會科學出版社，2006 年版，第 68 頁。

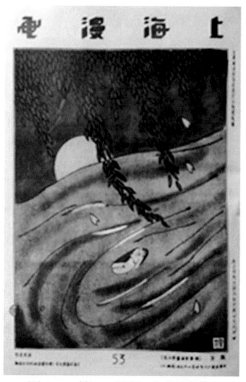

圖 3-3　第 53 期封面《漂萍》

三、關於《上海漫畫》封面畫中的情色因素

在《上海漫畫》刊登的漫畫作品中，描繪女性身體，尤其是女性裸體以及兩性關係的漫畫佔據了相當大的比重，毋庸諱言，這也是其獲得讀者青睞的重要原因之一。而在《上海漫畫》110 期封面畫中，與兩性內容有關的漫畫就高達 81 期，約占 73.6%，其中很多反映兩性關係的漫畫也正是通過女性身體的描繪來展開的。其餘 29 期則為時政、社會、時裝等內容，約占 26.4%。從《上海漫畫》豐富多彩的兩性關係漫畫中，我們可以清晰地看到上世紀二三十年代的兩性建構，也從一個側面為我們展現了人們對迅速興起的都市文化的複雜態度。

自古以來，女性身體都被緊緊包裹在道德的外衣之下。辛亥革命後，女性身體開始脫離道德的羈絆，暴露在大眾視野之中。再經過五四新文化運動的洗禮，有關身體、性等敏感問題都不再敏感。《上海漫畫》的漫畫家們從事漫畫活動之始就浸淫於西方繪畫的營養之中，對於日益增多的女性身體形象不可能無動於衷，他們一方面想藉此吸引讀者的視線，另一方面也

融入了自己對於女性身體的想像。葉淺予曾坦言：「在《上海漫畫》時期，除《王先生》之外，有時我在四、五版也做點小畫，或輪流畫幾次封面畫，一般都是男女關係的內容，和《兩毛錢飽眼福》的處女作有淵源。」〔註3〕如葉淺予創作的第 9 期封面畫《不幸的愛戀》，這是兩男一女構成的三角戀愛，圖中兩個男人搶天呼地痛不欲生，他們的右手與一個赤裸女人的雙手緊緊地銬著；旁邊的小天使絕望地掩面哭泣。第 12 期封面畫是黃文農創作的《敵人之女》，一個裸女俯身躺在地上，旁邊遺棄著一柄英雄的利劍。黃文農在下期對自己的畫作這樣解讀：「英雄出馬殺敵，敵人沒有殺，仇沒有報。敵人有女使你志氣消。……啊呀！英雄！英雄！想不到你終棄了你的利劍，不受冠冕的光榮，寧願俯吻酒香的肉。」第 90 期封面畫是萬籟鳴的木刻作品《勝利品》，一名騎士正俯身掠奪一位赤裸的女性，顯然她成了勝利者的戰利品。這幅作品很容易讓我們想到了魯本斯的名作《劫奪留西帕斯的女兒》。

 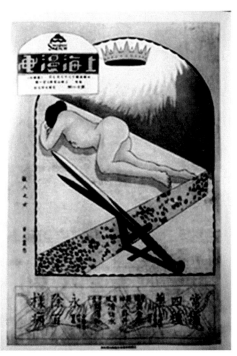

圖 3-4　第 9 期封面《不幸的愛戀》　　圖 3-5　第 12 期封面《敵人之女》

〔註3〕葉淺予：《細敘滄桑記流年》，中國社會科學出版社，2006 年版，第 7 節。

圖 3-6　第 90 期封面《勝利品》

　　對此，畢克官在《中國漫畫史》中這樣分析：「當時，上海風靡一種抒情畫，這是受外國的影響。英國的抒情畫家比亞茲萊〔註4〕，影響著很多人。《上海漫畫》也開闢了不少篇幅給這類作品，有許多抒情畫是被當著封面畫來發表的。像《快樂的愛神》《女性幻想曲》《迷惑的享受　誘惑的貢獻》等等，多屬於滿足青年讀者和小知識者欣賞趣味的，無非表現青年男女的精神苦悶，對生活不健康的欲求，以達到心靈上的滿足與安慰，內容多較庸俗無聊。它們的作者多為刊物的骨幹張光宇、葉淺予、魯少飛。」〔註5〕畢克官從思想性上看到了《上海漫畫》低俗的一面；從藝術學的角度分析，則會得出截然不同的評價。謝其章在《漫話漫畫》中則稱：「這個漫畫刊物（《上海漫畫》）於漫史上佔有極其重要之地位，第一版是封面畫，張張是名家之精品，其水準足以傲視一百年而不落伍。」〔註6〕

　　兩性關係是一個時代最為明顯的社會特徵，對於一些漫畫史家所定義的

〔註4〕奧伯利・比亞茲萊（1872～1898 年），十九世紀末最偉大英國插畫藝術家之一，其對線條的出色運用和黑白畫的創造性成就，對當時的中國漫畫界帶來了震撼性的衝擊，《上海漫畫》的主創人員多受比亞茲萊的影響。
〔註5〕畢克官：《中國漫畫史》，文化藝術出版社，2006 年版，第 100 頁。
〔註6〕謝其章：《漫話漫畫》，新星出版社，2006 年版，第 120 頁。

「不健康」的兩性關係漫畫，其實都有重新考察之必要。女性的身體誘惑是一個非常古老的文化母題。女性身體在現代化進程中被當成愛與美的象徵。古往今來，無數的藝術家和美學家都探討過女性的身體問題，他們不約而同地認為凸凹有致的女性身體本身就是一件藝術品，堪稱大自然的一個傑作。可以說，「文明的起源與女性的誘惑的發生有著密切的聯繫，甚至可以說，女性誘惑的發生不僅是人類文明起源的表徵之一，而且是文明的『錯失』之一。」〔註7〕對於女性身體的表現，中國古代一直採用種種文化規則進行遮蔽和限制，把它封閉在不能公開的私密領域，逐漸形成了男性對於女性身體既愛又恨、欲揚又抑的複雜文化心理。雖然中國古代文學作品中有不少描寫女性身體的詩歌，比如盛極一時的「宮體詩」；但在繪畫藝術領域，除了不能登大雅之堂的春宮圖外，對於女性身體的表現幾乎是空白。約翰・海伊曾驚訝於東亞藝術中女性裸體的普遍缺席，「為什麼在這樣一個有著兩千年以上悠久歷史的美術傳統中幾乎沒有對身體的表現？」〔註8〕近現代以來，隨著女性人體藝術從西方走進中國，引起了中國社會的普遍震驚和恐慌，有些人認為是洪水猛獸，並由此引發過激烈的爭論，如發生在20世紀二十年代的上海美專「模特兒事件」；《上海漫畫》也曾因連載《世界人體之比較》引起訴訟。

隨著現代都市文化的進程，女性身體，尤其是摩登女性的身體被大規模商品化，並成為公眾欲望的對象。「20世紀三十年代的上海，是中國大眾流行文化的搖籃，到處充斥著女性誘惑的意象，最早預示著中國文化的一次巨大轉型。女性誘惑已經構成了一種獨特的都市語言，它們通過各種各樣的意符顯現出來。」〔註9〕許多文化消費正是通過男性對女性身體的欲望把藝術創作轉化為商品生產的。從女性主義的角度來看，對女性身體的過多描繪無疑有使其「物化」的嫌疑，女性身體成為了男性消費者觀看和想像的對象；但從社會歷史發展角度來看，女性身體逐漸掙脫思想的禁錮，不斷見諸報刊、訴諸眼目，也有助於女性完成自我形象的定位，並最終為女性解放打開一個思想上的缺口。

當然，《上海漫畫》中的兩性漫畫與中國傳統繪畫中的春宮圖不可相提並

〔註7〕殷國明：《女性誘惑與大眾流行文化》，華東師範大學出版社，2008年版，第53頁。

〔註8〕張英進：《中國早期畫報對女性身體的表現與消費》，見姜進：《都市文化中的現代中國》，華東師範大學出版社，2007年版，第53頁。

〔註9〕殷國明：《女性誘惑與大眾流行文化》，華東師範大學出版社，2008年版，第216頁。

論。春宮圖主要通過裸體或展露男女生殖器來直接進行色情表現，而《上海漫畫》中的兩性漫畫則主要通過描繪女性的豐乳肥臀、性感的紅唇和迷離的雙眼來間接表現的。也就是說，《上海漫畫》兩性漫畫的情色性，主要是通過性聯想來實現的，而非通過男女性行為來直白呈現。因此，《上海漫畫》的兩性漫畫所表現出的性氛圍應為情色而非色情。

第二節　封面畫中的兩性關係

　　《上海漫畫》封面畫中最常見的題材是兩性關係。在二三十年代的上海，傳統的兩性關係開始出現性別角色上的倒置，女性的主體性日益張揚。漫畫家筆下的摩登女郎散發著物質的、自信的氣息，在男女關係的角力中佔據著主導地位，充滿了對於男性的挑逗、嘲弄和不屑。她們善於獵獲和馴服男人，常常弄得男人們束手無策又甘心拜服。

一、女性身體對男性的誘惑

　　《上海漫畫》中的摩登女郎充滿了視覺誘惑力——妖嬈的身姿、銷魂的眼神、性感的嘴唇、豐滿的胸部、修長的大腿，同時畫面中又充滿了頗可玩味的細節和情節。葉淺予的漫畫《摩登姑娘之條件：肉體之供應》，為我們提供了摩登女郎應具備的條件：修眉、美目、紅唇、纖纖玉指和性感小腿。由摩登女郎身體所散發出來的魅力成功吸引了男性，使男性成了她們的附庸。

圖 3-7　第 101 期 5 版《摩登姑娘之條件》

　　摩登女郎的身體被異性所注視和垂涎，展示出巨大的誘惑性。第 8 期封面畫《魔力》（懷素作）描繪了一位身穿緊身旗袍的女郎，一邊優雅地抽著煙，一邊鑒賞著手中的獵物——一位跪在掌心向她求愛的男子。第 41 期封面畫《追求》（葉淺予作）中，一雙肉感豐腴的女子小腿上攀爬著三個癡漢，腳下卻有一個吸煙男子置身事外，似乎在玩著心理戰。第 106 期封面畫《男子啊！你須著力的追求！》（魯少飛作），一個佔據大部分畫面的女子正用彩帶引逗著後面拼命追求的男子，讓其欲求不得、欲罷不能。面對女性渾身彌散的巨大魅力，甚至連和尚也動了凡心。第 46 期封面畫《凡心》（黃文農作），一個手持佛珠、雙手合十的和尚一臉難堪地面對著摩登女郎夾著香煙的修長手指，內心正進行著激烈的鬥爭。從中我們可以感受到摩登女性的身體對於各階層男性所造成的影響。

圖 3-8　第 8 期封面《魔力》

圖 3-9　第 41 期封面《追求》

圖 3-10　第 106 期封面
《男子啊！你須著力的追求！》

圖 3-11　第 46 期封面《凡心》

二、男女主客關係的易位

在上海這樣一個充滿著現代氣息的大都市，兩性關係逐漸出現了鬆動跡象。女性受到花花世界的誘惑，不甘於家庭生活的小圈子，熱衷於交際並涉足公共空間，不僅引起了男性對女性的焦慮和不安，同時也深深觸動了傳統男性的統治地位。

第 2 期封面畫《迷惑的享受　誘惑的貢獻》（黃文農作）採用埃及豔后壁畫的形式，男性充當侍者，捧著葡萄進獻給手握權杖的女王。魯少飛在下期解讀中說：「全人類的歷史上，男女性的結晶，是造起了許多神聖、偉大、熱烈、真誠的事蹟。在現代物質欲全盛的時代，人類的本性，遂致一天一天的迷濛了；結果才造成這許多悲慘、憂鬱、羸弱的事蹟。」這幅漫畫顯示了女性在男性面前強烈的主體性，傳統男性對於女性的絕對主導地位在這裡發生了改變，作為客體的女性一躍成為兩性關係中的主角。第 34 期封面畫《偏重的負擔》（陳杜也作），在布滿荊棘的荒野上一個男人背負著一個女人艱難前行，重壓使他的身體彎曲頭顱下垂，糾纏在一起的男女軀體構成了一個巨大的驚歎號。魯少飛這樣解讀此畫：「歷史遺留下的女子，早已挖空了靈性，如果你不運用全力以負載呦，勢必至於你一生更不能前進！」在女權運動的影響下，現代男女問題成為當時社會討論的一大熱點。「女人好美，害得男人轉悠悠。」〔註10〕「男人是女人的奴隸，往往給女人使喚、給女人勞動、給女人犧牲，女人便站在監督的地位，也可以說是主人的地位。」〔註11〕在出現「一部中國歷史的演變是以女人為中心」〔註12〕等女權言論的同時，男人主宰、女人附屬的思想也開始反轉，甚至出現男人受女人壓迫的觀點。第 48 期封面畫《征服》（張振宇作），用高跟鞋踩在男士皮鞋上這一簡單、概念的圖解，詮釋了這一主題。作為婦女解放的標誌，高跟鞋在 1925 年之後開始流行東西方，「高跟鞋是愛的象徵——也是侵略的象徵，它象徵著權力，暗示著統治。」〔註13〕

〔註10〕四方：《男人受女人壓迫》，第 1205 期《北洋畫報》第 2 版，1935 年 2 月 14 日。

〔註11〕青萍：《男人是女人的奴隸》，1933 年第 23 期《青年生活（南京）》，第 36～38 頁。

〔註12〕阿言：《以女人為中心的中國歷史觀》，1934 年第 26 期《十日談》，第 4 頁。

〔註13〕吳昊：《中國婦女服飾與身體革命（1911～1935）》，東方出版中心，2008 年版，第 136 頁。

圖 3-12　第 2 期封面《迷惑的享受　誘惑的貢獻》

圖 3-13　第 34 期封面《偏重的負擔》　　圖 3-14　第 48 期封面《征服》

三、男女關係的衝突與均衡

　　同鴛鴦蝴蝶派文學產生的原因類似，刊登男女感情糾葛的兩性漫畫順應了市場，頗能滿足一些上海市民的休閒需求。男女雙方在衝突中進行博弈，尋求彼此的利益契合點，具有天然的話題感。正如第 45 期封面畫《均衡》（葉淺予作）所描繪的，從山居的原始人一直到都會的文明人，除了填飽肚子外，就無時不在追尋男女問題的答案。畫中，傾斜著的裸體男女在衝突的同時形成了穩定的「X」形。可以說，「宇宙間這個永遠不能解決的男女問題，演出了許許多多美的、醜的故事，⋯⋯要是希冀著『均衡』的時候吧，那就在永遠的衝突中。」〔註14〕

圖 3-15　第 45 期封面《均衡》

〔註14〕葉淺予：《均衡》，第 46 期《上海漫畫》第 7 版，1929 年 3 月 9 日。

　　當然，對於部分上海市民，兩性關係還是均衡和諧的。第22期封面畫《上海人》（魯少飛作）擷取了一個頗為溫馨的畫面：一對優雅體面的老夫妻挎著胳膊在公園散步，背後樹蔭下的長椅上坐著一對相互依偎的年輕情侶。魯少飛這樣解讀上海人的生活：「先生太太們會羨慕少年人的豪興，年輕的情侶會羨慕先生太太們的闊氣，這是代表多數上海人的生活。」在現代都市，身著洋裝的上海人在傳統禮教不及的租界中，能夠不顧世俗地與愛人或情人攜手細步，已是無比的幸運與滿足了。但物質富足的夫妻或情侶就能夠在欲望都市中獲得快樂與幸福了嗎？不盡然。「物質的壓迫，欲望的放縱，人們都脫不了在這轉圈的輪裏攀牽；快樂幸福，和平永遠是旋轉著的幻像，誰真能夠得到？」第3期封面畫《命運的愛》（魯了了作），刻畫了亞當、夏娃悉心澆灌愛情花朵，但嚴酷的社會現實卻使這對同命鳥終難逃脫被逐出伊甸園的命運。

圖3-16　第22期封面《上海人》　　圖3-17　第3期封面《命運的愛》

第三節　封面中揭露社會病態的諷刺漫畫

　　上海自1843年開埠以來，因其地理位置的特殊性，得到中外商家的青睞，經濟快速發展，迅速成為全國的商業中心與消費中心。到20世紀二三十

年代，上海已成為世界第五大都市，城市的物質與消費現代性前所未有地凸
顯。當時中國大宗出口的米、茶、絲等貨物都要經過上海，進口貨物也要經
由此地作為銷售的樞紐。「1924 年，全國進口洋貨總額突破十億兩，而上海獨
佔其百分之四十以上。」〔註 15〕上海是洋貨輸入最多之地亦即為洋貨消費最
巨之地。〔註 16〕上海在成為中國商業中心的同時，自然也成為中國的消費中
心。生活在繁華都市中的人們在九衢三市、燈紅酒綠的環境刺激下大抵是趨
向物質的，社會上也揚起了金錢至上、盲目追求物質享受的不良風氣。自開
埠至 20 世紀二三十年代，上海經過八十餘年的發展成為了內地人心中的「安
樂土」：「經商的人來了，做工的也來，羨繁華的人來了，避兵亂的人也來，大
官富商的家屬也成群而來。」〔註 17〕移民社會與商業發展打亂了老上海原有
的秩序，不良的攀比與奢靡之風不僅盛行於富裕階層，甚至也向普通民眾中
蔓延：「蓋民之所衣非綢即緞，一衣之所費幾及數十金或百餘金；民之所食非
酒即肉，不足以適其口腹，一食之所需幾及數金或數十金；至若男女之裝飾
品，金戒也、白金也、鑽戒也、珠環也，甚而婦女一身之衣飾價可值數千金數
百金。」〔註 18〕針對社會上浪費金錢毫無限度的奢靡現象，上海特別市政府
於 1928 年頒布戒奢令〔註 19〕，要求市民在婚喪慶弔禮儀上節儉戒奢。

一、時間、自由、愛情與批奢漫畫

　　在《上海漫畫》的封面畫中，常以社會上盛行的金錢至上、享樂主義、
奢靡風氣作為批判諷刺對象，創作出不少發人深省的優秀作品。此類批奢漫
畫的主角多為女性，對此我們可以從《上海漫畫》的兩期封面畫中略窺一二。
萬籟鳴創作的第 10 期封面畫與葉淺予所繪的第 96 期封面畫內容大致相同，
畫面元素十分簡單，都是一個人物和一枚巨大的錢幣。所不同的，第 10 期封
面畫是一位裸女手托一個骷髏，正在方孔銅錢上起舞；第 96 期封面畫是一名

〔註 15〕裕孫：《上海對於洋貨消費力之偉大》，1925 年第 9 卷第 31 期《銀行週報》，
　　　　第 26～29 頁。

〔註 16〕子明：《上海人口與輸入物品之消費比例》，1922 年第 6 卷第 39 期《銀行週
　　　　報》，第 32～34 頁。

〔註 17〕張福年：《上海商業繁盛的原因》，1924 年第 7 期《梅訊》，第 24～25 頁。

〔註 18〕孔憲鏗：《論滬上風俗之奢靡》，1918 年第 15 期《震旦大學院雜誌》，第 22、
　　　　23 頁。

〔註 19〕《上海特別市政府訓令第二三八三號》，1928 年第 16 期《上海特別市市政府
　　　　市政公報》，第 13 頁。

男子單膝跪地，艱難地背負著巨大的孫中山像銀幣。兩幅漫畫從男女不同視角反映了同一主題，由此可知當時社會上彌漫的奢靡風氣給男性帶來的巨大壓力；而作為物質消費主力的女性，其金錢至上的擇偶觀又進一步加劇了這一現象。因此，女性便成為批奢漫畫的主角，故第 10 期封面畫的標題為《美人的立場》。對此，魯少飛在下期作了這樣解讀：「金錢與美人，是萬人不惜重大的犧牲而欲望攬有的，美人因萬人崇拜金錢，遂以金錢為一己勝利者的誇炫！」

 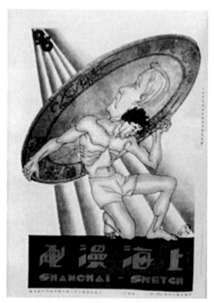

圖 3-18　第 10 期封面《美人的立場》　　圖 3-19　第 96 期封面

　　總的來看，《上海漫畫》封面畫的批奢主題可分三類。其一如第 65 期封面畫《她，這樣埋沒時刻！》（孫青羊作）：放肆的物慾埋沒了時間，虛擲了年華。畫中一個裸體女郎正跪在一大堆金銀珠寶首飾前不停地把玩，在她的背後，一個骷髏惡魔正向她伸出死亡之手。在這堆女郎欲永遠佔有的華麗物品中間露出了鐘錶的一角，象徵著人們在滿足物慾、追求享樂的同時，代表生命真諦的時間也在悄然流逝而不自知。向身處浮華時代的都市女性敲響了警鐘！其二如第 71 期封面畫《物質與心靈》（張振宇作）：物慾下的畸形擇偶觀。一位身穿中式旗袍的女子左手拿著自己的一顆心，右手捧著一位手持文明棍、一身西裝革履的富裕男子。面對真心與金錢該如何選擇？女子投向富裕男子的眼神已經給出了答案。在當時的上海，「一般女子的眼光實在小，總喜歡拿女學生的頭銜來換

一個漂亮有錢的丈夫做夫人做少奶奶」〔註20〕。而且常常陷於兩種謬誤之中——「一曰癡，一曰賊」〔註21〕。「癡」是過於癡情，甚至不惜為之傷身殞命；「賊」便是《物質與心靈》所批判的擇偶觀，帶著愛情至上的欺人假面，其本來面目卻是金錢至上、利益至上而已。其三如第 101 期封面畫《自由自由，比不得滄海一鷗》（魯少飛作）：追求物質享受的同時也失去了自由。一位身穿紅色連衣裙、腳踩鑲鑽高跟鞋的摩登女郎左手叉腰，右手舉起胸前的珍珠項鍊，彷彿在向物質生活敬禮，她身後的綠色背景中是洶湧奔騰的海浪和翱翔天空的海鷗。在海天之際自由翱翔的海鷗與渾身珠光寶氣的女子在紅綠色彩的相撞中形成強烈對比，不由得讓讀者感歎人類一旦淪為物質的奴隸便會失去寶貴的自由。在當時，追求自由擺脫物質束縛作為一種新思潮，提醒著困於物質生活而不得自由深感痛苦的人們，必須用「精神生活自由打破一切惰性」〔註22〕。

圖 3-20　第 65 期封面《她，這樣埋沒時刻！》

〔註20〕何玉盦、章錫琛：《關於戀愛結婚及擇偶的意見》，1923 年第 9 卷第 12 期《婦女雜誌（上海）》，第 117～119 頁。

〔註21〕柯白忒：《譯叢：少年擇偶問題之商榷》，1924 年第 4 卷第 2 期《青年友》，第 25～28 頁。

〔註22〕徐介才：《思潮片片：物質生活不得自由》，1924 年第 1 期《愛國：愛國女學校校友會年刊》，第 397 頁。

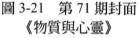

圖 3-21　第 71 期封面　　　　　　圖 3-22　第 101 期封面
《物質與心靈》　　　　　　《自由自由，比不得滄海一鷗》

　　20 世紀初的中國是極易墮落的時代：享受階級因不能吃苦而墮落，被剝削階級因自暴自棄而墮落，女人因貪金錢愛虛榮而墮落。〔註23〕第 20 期封面畫《牌》（張光宇作）以撲克牌為範本，繪製了一張「紅心金錢牌」。對角對稱的男女撲克人物身上畫滿了金錢符號。男人手握錢袋，女人手持鮮花，左上角與右下角兩顆巨大的紅心暗示著一場以金錢為籌碼的愛情交易。除了批判金錢至上的愛情觀外，漫畫還另有深意。魯少飛在下期解讀道，男人重視金錢，女人重視美貌，人們之所以看重這些身外之物是因為將它們看作是「世界上最有權威的裁判」。第 107 期封面畫《Baby Austin》（張振宇作）便是對這一觀點的現身說法，畫中叼著煙斗的男士志得意滿地開著敞篷奧斯汀汽車，旁邊坐著一位正用粉撲兒塗抹臉蛋的摩登女郎。男人擁有金錢，女人擁有美貌，這似乎是完美無缺的一對兒，但我們從雙方的眼神中卻看到了貌合神離，咫尺千里。

─────────────────
〔註23〕裘鵬：《談「墮落」》，1934 年第 2 卷第 2 期《壽險界》，第 58 頁。

図 3-23　第 20 期封面　　　　　　図 3-24　第 107 期封面
《牌》　　　　　　　　　　　　《Baby Austin》

二、諷刺漫畫中的守舊者和社會之花

　　當「戀愛自由」「社交公開」等新詞彙流入中國時，一班老先生們嗤之以鼻，感歎世風日下，國將不國，其實，他們連這些詞彙的真實意義都沒有搞懂〔註24〕。這些老學究們固持著與時代脫節的舊禮教、舊思想，保持著高度的警惕，隨時準備詆毀一切新事物。就像第 31 期封面畫《無知的摧殘者》（張光宇作）所描繪的，一隻冥頑不靈的老母雞肆意啄食著人們精心栽培的菊花，可憐花瓣委地與泥土雜陳。千日栽培，一朝毀壞，「這般地使一個結晶品，永遠地隕滅」〔註25〕。但《上海漫畫》的編輯們還是對這些守舊派抱有幻想，希望有朝一日他們那些頑固的念頭也會稍許鬆動。第 38 期封面畫《偶然的動念》（張光宇作）以橢圓形畫框構圖，黑色背景中一個身穿長衫的老先生一手捧著高跟鞋，一手拿著眼鏡仔細鑒賞著，眉宇間流露出發自內

〔註24〕健孟：《新學說與舊禮教》，1923 年第 9 卷第 7 期《婦女雜誌（上海）》，第 20、21 頁。

〔註25〕魯少飛：《無知的摧殘者》，第 32 期《上海漫畫》第 7 版，1928 年 11 月 24 日。

心的竊喜。本來深感世風日下、杞人憂天的「老頑固」，無意間被充滿生機
的新事物感化得不能自持，「把整飭的頑固，全個都毀消！」〔註26〕。畫面
一方面諷刺了把封建禮教奉為圭臬的頑固派，另一方面也讚揚了新事物神奇
的感召力與生機。

圖 3-25　第 31 期封面 　　　　圖 3-26　第 38 期封面
《無知的摧殘者》 　　　　　　　《偶然的動念》

　　在舊上海，生存著一群「社會之花」，長於交際的她們依仗著美貌周旋於
有錢男人中間。她們騙取男人兜裏的金錢大肆揮霍，美麗的外表下掩蓋著一
顆醜陋的靈魂。第 73 期封面畫《閒閒何所思？》（陸志庠作）中，一個手持
香煙、吐著煙圈的摩登女郎仰躺在沙發上，似乎正進入迷醉和幻想狀態。沙
發旁散落著一地的高跟鞋、外套以及隨身物品，地上還有一個跪頂煙灰缸的
男性雕像。顯然，摩登女郎所思所想的都是有關物質消費與男女情愛的問題。
第 98 期封面畫《陶醉的一夜》（張振宇作）中，摩登女郎一手摟著醉眼惺忪
的男士，一手將酒杯遞到他的唇邊，她的小臂上纏著一條吐信的赤鏈蛇，挑
逗的眼神中隱藏著不可告人的陰謀。

〔註26〕魯少飛：《偶然的動念》，第 41 期《上海漫畫》第 7 版，1929 年 1 月 26 日。

圖 3-27　第 75 期封面　　　　圖 3-28　　期封面
《閒閒何所思？》　　　　　　　《陶醉的一夜》

其實，這些「社會之花」於國於民無利〔註27〕，在男人眼中她們不過是光鮮一時的玫瑰花而已，一旦凋謝枯萎便棄之如敝屣。第 17 期封面畫《社會之花》（魯少飛作）中，挽著有錢男人臂膊，已經「失去靈魂的年輕女娘」正回頭瞥視著蕭蕭落葉下跪地乞討的老嫗，冷漠的神情中，似乎早已習慣了眼前這一幕。但彷彿電光石火般突然驚覺：只知一味依恃色相而不知奮鬥為何物的「社會之花」，一旦年老色衰，便也只能如這老嫗一般淪落街頭求人施捨以度殘年。即使這些「社會之花」迷途知返，已經深陷泥潭的她們依舊難以自拔，難逃厄運。第 35 期封面畫《她之悔》（張振宇作）中，一名赤身女子披頭散髮地抱頭蜷縮在床上，背後一個黑色男人的剪影隱喻著女子在「獸欲世界裏受過無數量的摧殘」；淌滿燭淚的燭臺旁，一朵枯萎的玫瑰暗示了女子將來的命運。「她每次都是悔著，眼看她的靈魂一次一次的毀壞，明知運命須再接再厲的掙扎，才有一線之望，但是無限長的壓迫，逃得了的，究竟有幾個！」〔註28〕《上海漫畫》的編輯們不僅對這些專靠男人供養的「社會之花」怒其不爭，也對她們難以逃脫的命運哀其不幸。

〔註27〕張鎮山：《社會之花與「社會事業之花」》，1932 年第 1 卷第 18 期《婦女生活（上海 1932）》，第 440、441 頁。
〔註28〕魯少飛：《她之悔》，第 36 期《上海漫畫》第 7 版，1928 年 12 月 22 日。

圖 3-29　第 17 期封面《社會之花》　　圖 3-30　第 35 期封面《她之悔》

第四節　封面中內憂外患下的紀實漫畫

　　「戰爭，是現代世界上的主要人物！」這是《上海漫畫》第 58 期封面畫的注文。畫中身穿黑色斗篷的巨大骷髏人將利劍插入大地，雙手捧起「死亡」宣判書，俯視著弓背屈腰、雙手護胸的渺小天使。戰爭猶如一場死神的饕餮盛宴，即使擁有神力的天使在其面前也只能敗下陣來，無力改變人們悲慘的命運。20 世紀初的中國，在八國聯軍侵華後完全淪為半殖民地半封建社會。辛亥革命推翻了清王朝統治，但全國隨之又陷入到軍閥混戰的泥淖。覆巢之下無完卵，即使託庇於上海租界中的「法外之地」，人們也無法逃脫戰爭陰霾，更不消說居住在租界外貧民窟中的底層百姓了。生活的困窘與無奈讓他們難以負荷。據統計，1928 年上海全埠人口數為 2726046〔註 29〕，其中貧民人口為 114515〔註 30〕，占總人數的 4.2%。出入電影院、咖啡廳的都市享樂主義者或許不曾想到，「在這天堂裏還有如原始人住的窟穴般的房屋」〔註 31〕。那些

〔註 29〕《上海全埠人口總數》，1928 年第 8 卷第 10 期《銀行月刊》，第 202 頁。
〔註 30〕《上海北平貧民最近統計表》，1928 年第 11 期《長虹週刊》，第 4、5 頁。
〔註 31〕仁士：《上海貧民窟》，1935 年第 2 期《中國漫畫》，第 37、38 頁。

拉黃包車、賣菜、當碼頭夫的男人和在紗廠做工的女人大都居住在這裡。「錢落窮人手，魚落貓兒口」「工錢十五，飯錢十六」「一日打柴一日燒」「沒病便是福，無債一身輕」〔註 32〕，這些當時普通市民口中帶有社會色彩與平民文學特徵的諺語都在講述著上海貧民的困苦與心酸。

圖 3-31　第 40 期封面《戰爭，是現代世界上的主要人物！》

一、描繪深陷火坑的底層民眾

　　20 世紀初，迎來民國的中國人剪髮辮、易服飾、禁纏足、倡女權，經歷著社會大動盪的同時也感受著新文化與新思想的衝擊，不由得感歎易代後文明的降臨和社會的陵谷變遷。「有法律家曰這是主持公理的場所；有道德家曰這是維護人倫的場所；有文藝家曰這是追求光明的場所。」但封建社會遺留下來的思想餘毒仍難以肅清，如夢魘般揮之不去時來糾纏作祟。

　　在第 40 期封面畫《人肉市場》中，漫畫家魯少飛用人肉市場描繪這個

〔註 32〕丁瓚：《從諺語裏探知貧民的困苦》，1926 年第 1 卷第 31 期《生活（上海1925B）》，第 183 頁。

吃人的社會。畫中一位母夜叉般的村婦正手持菜刀砍向砧板上的女人肉體，背後的鐵鉤上還懸掛著兩具長髮倒垂的女性軀體，旁邊一位身穿對襟馬褂的男子正提著採購來得的一條女人大腿滿載而歸。來來往往麻木的行人已對這吃人的社會熟視無睹，甚至已被社會同化，加入到吃人的行列。由徐進繪製的第 56 期封面畫《火坑》也詮釋了同樣的道理，一位兇狠的傳統女性雙手持叉，搋住一個縛住手腳的裸體女性，將其投入火坑之中。熊熊的火焰在暗灰的天宇映襯下顯得格外刺眼，旁邊還有幾個面露驚恐、坐以待斃的全裸女性。

圖 3-32　第 40 期封面《人肉市場》　　圖 3-33　第 56 期封面《火坑》

　　除了聚焦上層社會浮華的生活外，底層民眾的疾苦和無奈也沒有在《上海漫畫》中缺席。第 67 期封面畫是張光宇創作的《媽媽不在家》，畫中一位戴著圓框眼鏡、叼著煙斗的男子正用大排刷清洗著嬰兒的屁股。背後兩根竹竿支起的簡易衣架上晾著幾件嬰兒衣物，腳邊水盆上還搭著尚未洗好的嬰兒衣服，地上散落的蒲扇、水壺記錄了男子的手忙腳亂，幽默地詮釋了「媽媽不在家」這一主題。第 91 期封面畫是張振宇所繪的《衣食住？》，畫中一名男子像雜技表演一樣用鼻子上的一根小木棍頂起自己的居所，小心翼翼地維持著平衡。20 世紀二十年代的上海物價飛漲，「去年每屋租金十元者已飛騰

至二十元以上」、「今日月得薪金二百兩，其生活仍不及三十年前月得十五或
二十兩」〔註33〕。第 27 期封面畫《淒涼的月夜，人間底哀音》中，月夜下
的粉牆外，一對拉著二胡、彈著琵琶的母女疲憊地行走在街頭，消瘦的面龐
訴說著她們的生存狀態。擁有美妙歌喉和求生技能，已算是「弱者之尤者」
的她們，也只能依靠「歡樂者給她們一滴剩餘的賜惠」而苟活。同樣以街頭
巷尾為背景，描繪底層人民生活的第 82 期封面畫採用套色木刻版畫，整幅
畫面只有紅黑兩色，富人的陽臺下，三個乞討者拄著拐杖、筆直地伸出右手，
那低垂的頭部顯得那麼無力，陽臺上富人家的惡犬在狂吠。據上海市社會局
發布的民國十九年（1930 年）自殺統計顯示，上海約 4 小時會有一人厭世
自殺〔註34〕，且女子多於男子。正如漫畫中三隻伸直的手，多數貧民雖深陷
火坑卻仍執著地與命運做著抗爭。

圖 3-34　第 67 期封面
《媽媽不在家》

圖 3-35　第 91 期封面
《衣食住？》

〔註33〕馮國福：《上海生活近況調查記略》，1921 年第 3 卷第 1 期《稅務專門學校季
　　　　報》，第 76〜83 頁。
〔註34〕《上海市民自殺之統計》，1931 年第 26 卷第 5 期《時兆月報》，第 9 頁。

圖 3-36　第 27 期封面　　　　　圖 3-37　第 82 期封面
《淒涼的月夜，人間底哀音》

二、結合時事的政治漫畫

　　近代以來，由於封建專制主義的統治日益腐朽，中國逐漸成為各帝國主義國家重點爭奪的對象。從 19 世紀四十年代鴉片戰爭開始到 20 世紀初，全世界幾乎所有帝國主義國家都侵略過中國，給中國人民帶來了深重災難。1928年，南京國民政府雖然形式上統一了全國，但帝國主義國家還在繼續進行著重新瓜分中國的陰謀活動。第 33 期封面畫，魯少飛用線描畫了一位身穿披風的英武騎士，騎士的刀鋒和鐵蹄所指，是捂著臉仰面躺在地上的敵人。魯少飛在下期《生命之力》一文中充滿激情地寫道：「全世界的狂飆吹起，眼前呦！布滿了些魑魅魍魎，爾不鼓著勇氣前進呦！勢必至於全體被噬，青春的血液呦，是包含著無限的熱烈活動，有這力量呦，先莫自餒！……願我們的聯合呦，大家都是勇往直前的志士，讓全世界的狂飆吹著，我們的志士擋在前頭呦，是全世界的真理執行者。」

圖 3-38　第 33 期封面

　　1928 年「二次北伐」期間，日本唯恐中國統一，便以保護僑民為名，派兵進駐濟南、青島及膠濟鐵路沿線，竭力阻撓北伐。國民革命軍奪回濟南後，日軍製造了慘絕人寰的「五三慘案」。11 月濟南城失陷，蔣介石繞過濟南繼續北伐。1929 年 3 月，中日簽署協定。5 月，日軍陸續撤離濟南。《上海漫畫》迅速反應，5 月 11 日，第 55 期封面畫著一個扛著裝上刺刀的三八大蓋的日本兵正從血泊中走出，刀上、嘴上、腳上都沾滿了鮮血，腳底下巨大的厚底木屐上分別寫著「撤」「回」兩字。挖目、割耳、殺人、放火，畫中紅色的鮮血象徵著日軍在濟南的暴行，也提醒著讀者銘記國恥。同期第六版還有一幅描繪日本撤軍的漫畫，題為《剩下一個忘八蛋》，畫中一隻穿著木屐、戴著日本軍帽、扛著刺刀的烏龜正向畫框外爬行，龜殼上寫著「撤兵」二字，左下角還留有一顆被遺棄的龜蛋，上書「倭僑」。為慘死的同胞，為苦難的民族，畫家用烏龜與龜蛋痛詈滅絕人性的日軍！

圖 3-39　第 55 期封面

圖 3-40　第 55 期第 6 版《剩下一個忘八蛋》

　　在全世界反戰輿論的壓力下，1928 年 8 月 27 日，法、美、英、日等 15 個國家和地區的代表在巴黎簽訂了《廢棄戰爭作為國家政策工具的一般條約》，又稱為「白里安——凱洛格公約」或「非戰公約」。公約譴責戰爭，主張用和平方式解決國際爭端，先後有 63 個國家加入。這一紙公約實際上對於西

方列強毫無約束力，只是「迎合世界之人心而實所以伸張其權勢」〔註35〕。
1928 年 9 月 6 日蘇聯正式加入非戰公約，但一年後，中東鐵路事件爆發，蘇
聯軍隊入侵中國東北，強佔黑瞎子島等中國領土。1929 年 8 月 24 日，魯少飛
在第 70 期封面上，畫了一個頭戴紅色軍帽、身穿紅色軍裝、腰間別著長刀的
大鬍子將軍，趾高氣揚地行進在衝鋒隊伍的前列，他右手拿著《非戰公約》，
左手握緊拳頭，上揚的嘴角彷彿在蔑視公約的可笑。注文為：「俄國軍官道：
咱們幹了多少年打仗事情，這麼一張紙還看得上眼嗎？」正是這嚴酷的現實，
加之「各強國最近的態度及中國現在所處的地位」，讓中國人「十二萬分的心
灰意冷」〔註36〕。但一些中國人似乎仍對面臨的危險無動於衷。在上一期第
五版魯少飛還畫了一個身披紅色鎧甲、標有「蘇俄」的武士，正手持滴血屠
刀恐嚇著手捧書卷、標有「中國」的書生。注文為：「他拿了一柄刀橫一挑豎
一勒的惹厭著，但是戴西瓜皮帽的同志偏不生氣！」

圖 3-41　第 70 期封面

〔註35〕劍橫：《非非戰公約》，1928 年第 32 期《白日新聞副刊》，第 1～3 頁。
〔註36〕子儀：《中國決定加入非戰公約後的我感》，1928 年第 5 期《革命前鋒》，第
　　　　12～15 頁。

圖 3-42　第 69 期 5 版

　　中國人民不僅遭受帝國主義的侵凌，同時受到國內專制統治的壓迫。1929
年 9 月 28 日，第 75 期《上海漫畫》封面頗似美國《時代週刊》年度風雲人物
〔註37〕，橙色背景中一位身披斗篷、戴著紳士帽、蓄著八字鬍的男子映入眼簾，
小小的腦袋與大大的拳頭形成鮮明對比。畫面下方寫著三個大字——「蔣主
席」。由黃文農繪製的這幅政治諷刺漫畫，原題為《大拳在握》。作者借「拳」
與「權」的諧音，譏刺蔣介石大權獨攬，同時也形象地反映了當時中國武力決
定一切的政治現狀。為了使國民黨當局審查時能夠放行，在《上海漫畫》發表
時，更名為《蔣主席》，後入選畫集時，又恢復了《大拳在握》標題。1928 年
4 月，蔣介石發動「二次北伐」，12 月 29 日，東三省同時懸起青天白日旗，民
國政府形式上完成對全國的統一。在 1929 年 1 月全國編遣會議和同年 3 月國
民黨第三次全國代表大會上，蔣介石排除異己，企圖消滅地方實力派。當時，
擔任國民政府主席兼海陸空三軍總司令的蔣介石集黨政軍大權於一身，可謂大
權在握。「本來國民黨當北伐完成的時候，以庶政公諸國民，實在是有確實統一
中國的可能，但不幸在這個時候，忽然要勵行一黨專政。」〔註38〕因為制度缺
陷，軍閥絕無統一中國之可能，而蔣介石也不過是又一個想在中國做皇帝的人。

〔註37〕《時代週刊》歷來是世界風雲人物的舞臺。近百年來，中國人屢有登臨，上
　　　　封面最多的是蔣介石，從 1927 年 4 月 4 日起，先後露面十次。
〔註38〕阿斗：《近事雜評：（二十二）明日的蔣介石》，1929 年第 198 期《醒獅》，第
　　　　3、4 頁。

圖 3-43　第 75 期封面《蔣主席》

第五節　西方現代主義美術與中國傳統元素的融合

　　《上海漫畫》從創刊之日起便極具現代意識，深受西方現代主義美術思潮的影響。從《上海漫畫》發表的許多作品看，不僅吸收了中國傳統藝術的精華，在一些作品的表現手法上可以非常清楚地看到西方現代主義美術的影子。

　　現代主義美術，即 20 世紀以來具有前衛特色、與傳統文藝截然不同的各種美術流派的總稱，又稱現代派。它包括野獸主義、立體主義、構成主義、超現實主義等。現代主義可以追溯到法國的印象主義，崇尚「繪畫不做自然的僕從」「藝術語言自身的獨立價值」「為藝術而藝術」等觀念。這種現代主義美術思潮在 20 世紀二三十年代衝擊著中國一批畫家，使其作品不可避免地受到立體主義、構成主義等西方美術流派的影響。

　　為推動現代藝術的發展、傳播美術新思潮，1929 年 10 月 12 日第 77 期

　　《上海漫畫》專門開闢了不定期欄目《工藝美術之研究》〔註39〕。首篇即刊登張光宇的《研究者的意志》一文，指出工藝美術「是人生切膚所需求的藝術，追求出實用與感覺上的愉快，予人生一種安慰」，研究工藝美術的意志首先是要認識時代，瞭解時代背景與設計理念之間密不可分的關係，號召向歐美或日本的工藝美術學習，「嚷出『立體派』或者『表現派』。文章附圖6幅，為德國表現派的鑲嵌圖案、裝飾圖案自動印刷機以及臺飾、燈、瓶之設計圖案和剪紙等。之後，張光宇又在第78期和第80期的《工藝美術之研究》發表《意大利近代瓷器與邦蒂》《三十年日本工藝美術之概況》，介紹意大利和日本的現代工藝美術發展狀況。為滿足社會對工藝美術創作製作的需求，1929年11月1日，在張光宇等人的發起下，工藝美術合作社宣告成立。合作社公告稱：「本社為求生活之藝術化，並適合現代前進的需要起見，集資創辦『工藝美術合作社』，供應各界工藝美術事業之委託。務求美宏麗奐、熔中西今古之美術於一爐；自設工廠，延聘學識經驗豐富之技師主持一初（切）工程，如荷委辦事件無不承辦。」〔註40〕工藝美術合作社的主要業務涉及繪畫、建築、裝飾、雕塑、木器、鑄金六個門類。

　　有鑑於此，《上海漫畫》編輯部成員積極吸收西方先進的繪畫方法，漫畫藝術風格多種多樣，「表現派、立體派、象徵派、浪漫派風格，同時又有中國傳統繪畫精神的保存」〔註41〕。作為重頭戲的封面更是在考究的色彩、強烈的諷刺意味、新穎前衛的藝術性中，「超越了當時許多刊物的美女甚至新女性形象的封面，也開始改變公眾一向對諧畫的印象」〔註42〕。雖然西方現代主義元素與繪畫技法為《上海漫畫》帶來洋化的觀感，但京劇、剪紙、版畫等中國傳統文化因素又讓它並沒有淪為一本西洋漫畫的複製品，而成為中國漫畫轉型道路上的先行者。《上海漫畫》的畫家們以西方漫畫為師，將先進的藝術理論運用於本土化的作品中，他們創作的優秀漫畫作品成為中國現代漫畫的藍本，影響著中國漫畫界的後來人。

〔註39〕1930年6月《上海漫畫》與《時代畫報》合併後，《工藝美術之研究》又轉到《時代》繼續接辦下去。1932年6月，該欄目文章由中國美術刊行社結集為《近代工藝美術》出版發行。全書共分為「近代建築」「室內裝飾」「小工藝」「染織工藝」「商業繪畫」「雕塑與廣告」「書面裝飾」「攝影廣告」「舞臺工藝」9個部分。

〔註40〕《工藝美術合作社公告》，第81期《上海漫畫》第3版，1929年11月9日。

〔註41〕唐薇、黃大剛：《追尋張光宇》，三聯書店，2015年版，第93頁。

〔註42〕唐薇、黃大剛：《追尋張光宇》，三聯書店，2015年版，第92頁。

一、立體主義創作理念的應用

誕生於 1908 年法國的立體派用幾何圖形解構繪畫對象，通過多視點的排列組合使畫面具有空間感與立體感。代表人物有畢加索、布拉克等。畢加索的油畫《亞威農少女》，被認為是第一幅包含立體主義元素的作品。畢加索將五個人的身體先分解成單純的幾何形體和層次分明的色塊，然後在畫布上重新加以組合。

漫畫會成員有意識地將立體主義等現代派繪畫理念運用到漫畫創作中，他們發表在《上海漫畫》上的一些作品明顯帶有立體主義傾向。其中署名 LF 的第 37 期封面畫，顯然是一幅畢加索立體主義風格的模仿之作。該畫將不同視角的人物、花果和樓宇的各部分組合在同一畫面中，經過碎裂、解析後把對象的上、下、左、右、前、後進行重新排列組合，輪廓由直線和曲線構成，塊面堆積交錯，充分體現了立體主義的非傳統透視法的特點，在平面畫布上展現了二維和三維空間的結合。

作為中國早期設計藝術的先驅者，張光宇以中國民間繪畫——包括民間藝術、京劇藝術、古代青銅器藝術、古代石刻藝術為基礎，巧妙融入西方立體主義的造型、野獸派的色彩、表現主義的筆觸，從而形成了自身獨特的繪畫語言，開一代新風。張光宇所繪的創刊號封面畫《立體的上海生活》，即吸收了立體主義的某些手法，用具有金屬感的一家四口的雕塑，表現正在崛起中的本土工業文明景觀，畫面的整體感覺倒更像是超現實主義繪畫。畫面中，站立著的母親在給懷中的嬰兒餵奶，身旁的大兒將手中的蘋果遞給席地而坐一臉疲態的父親。淺綠色的背景中，用簡單的線條勾勒出代表工業時代的蒸汽火車、汽車、電線杆、高樓和煙囪。背景與畫面主體交互穿插，這些冒著滾滾濃煙的冰冷機器營造出強烈的壓迫感，使畫面前方本就失去活力的一家人增添了幾分死氣。魯少飛在下期解讀道：「上海，共認為世界上物質文明進步的區域，會有無限的生命，群集在這生產力薄弱而消耗力增加的都市中，遂使真實的人生，日進枯窘。我們試一觀上海的背景，是多麼的變幻、進化，然而回顧再一觀每個人的生活，壓迫纏繞，使你抬不起頭來。唉！生活總還是生活，Life is life，物質文明總越顯得是一幕煩複的背景，更襯出人生中赤裸裸的真相來。」同期的《簡單生活談》一文總結了兩種生活中難以解決的苦痛，這些苦痛全都來自於「醉金迷色」的欲望。但「生活的真意不在滿足嗜欲，而在能否進展其生命的活動力」。封面畫中完全喪失生氣與活力的一家四

口，好似萬千被物質生活壓迫的上海家庭的縮影，使讀者不由地去思考生活的真諦。

圖 3-44　第 37 期封面　　　　　圖 3-45　　第 1 期封面
　　　　　　　　　　　　　　　　　　《立體的上海生活》

二、構成主義創作理念的應用

　　構成主義產生於 1913 年的帝俄時代，活躍於十月革命後的早期蘇聯。主要人物有馬列維奇、康定斯基、李西斯基等。從構成主義的諸多作品可以看出，構成主義重視形式、簡單明確，以簡潔的幾何形體或縱橫結構進行平面裝飾。由構成主義代表人物李西斯基 1919 年設計的海報《紅色楔子攻打白軍》，畫面元素較為簡單，但作者在處理時使用的技巧卻十分獨特，視覺主體由紅色三角形和周圍分散的幾個幾何形體組成，紅黑白三色強化了視覺效果，並加入一些字體設計，構成感極強。

　　這種構成主義藝術風格傳到中國後，對剛剛興起的書籍裝幀設計產生了很大影響。《上海漫畫》的一些作者也吸收了這種形式，如第 23 期陳秋草創作的封面畫《可怖之愛》，用簡潔的弧線勾勒出被一襲黑袍的魔鬼擁吻著的全裸女性。簡單的線條與色塊、強烈的黑白對比使畫面頗具拼貼感。畫面中妖豔的女性肉體、象徵貪欲與邪惡的黑袍、傾倒的酒瓶與酒杯皆被簡化為幾何

體,介於平面與三維效果之間。魯少飛在下期解讀道:「唉!妖豔的肉體,麻痺的靈魂。啊!貪欲的惡魔,撲的蛾癡春蠶,末一場不免傷殘了人的四肢五官!末一場不免毀壞了人的三魂六魄!」

張光宇所繪的第 95 期封面畫《哦,甜蜜的上海》,構成主義色彩更濃。畫面中,三個身穿燕尾服的演奏者用幾何形體構成,加入音符和斜線條作裝飾,左下角的樂譜與中英文字搭配增添了趣味,「上海漫畫」和「95」以線元素設計,與下方主視覺畫面的塊面形成對比。這種點、線、面的排列組合構成強化了現代感與時尚感,渲染了上海灘百老匯歌舞升平、紙醉金迷的生活。同期第三版的一篇文章介紹了「資本金五十萬元,建築宏壯」的南京大戲院(今上海音樂廳)開業,首片放映的便是歌舞有聲片《百老匯》。20 世紀二三十年代,包括戲院、影院、歌舞廳在內的眾多公共休閒空間為上海營造甜蜜的氛圍。伴隨著上海市民休閒需求的激增,久居上海的人們每感缺少精神調劑與高尚娛樂,直呼「電影、跳舞、平劇之外,就不能得著其他的娛樂了」〔註43〕。

圖 3-46　第 23 期封面
《可怖之愛》

圖 3-47　第 95 期封面
《哦,甜蜜的上海》

〔註43〕《上海的娛樂》,1931 年第 1 卷第 15 期《玲瓏》,第 532 頁。

三、表現主義和超現實主義的應用

　　非理智地將畫面變形、扭曲形成怪誕感的表現主義，與受弗羅伊德精神分析影響強調夢境與現實結合的超現實主義都出現在 20 世紀初。與強調寫實的自然主義不同，表現主義和超現實主義強調個人意志，畫面通常誇張並充滿神秘感。

　　第 83 期封面畫是張光宇所繪的《墮落》，一片飄落的樹葉隱藏著一個倒掛的女人體，展現出墮落時人類的無助與醜陋。畫面構成十分簡單，藍色背景上畫了一片枯黃的敗葉，葉柄在上、葉片朝下，正無助地向下墜落。細看這片樹葉卻十分駭人，葉脈是一個頭顱向下四肢張開的枯瘦女人，遠觀則又像女陰形狀。女性的身體與女性最明顯的性特徵畫上了等號，並赤裸裸地名之曰「墮落」，無聲卻有力地告誡人們要遠離墮落，做命運的主宰者。

　　說到最具超現實感的中國古代奇書，要數充滿奇異怪獸的《山海經》了。第 84 期封面畫張振宇採用中國傳統的海水江崖紋樣，繪製了一幅《新山海經》。海中傾斜的高塔與吐著信子的蛇頭人身的怪物營造出一個充滿想像的怪異畫面，將讀者帶入天馬行空的奇幻世界。20 世紀初，「山海經」已演變為趣談怪聞的代稱。繼這幅《新山海經》之後，1937 年上海《大聲》雜誌便以「新山海經」為欄目名刊登世界各地的奇聞異事；1938 年上海《香海畫報》開設「書壇山海經」欄目，介紹說書趣聞。

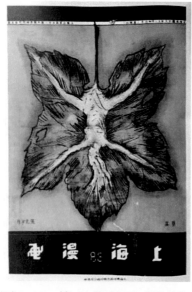

圖 3-48　第 83 期封面《墮落》　　　圖 3-49　第 84 期封面《新山海經》

四、野獸主義創作理念的應用

　　野獸主義（Fauvism）是自 1898 至 1908 年在法國盛行的一種繪畫流派，得名於 1905 年巴黎秋季沙龍展覽中以馬蒂斯為首的一批前衛藝術家的作品。野獸派畫家熱衷於運用鮮豔、濃重的色彩，往往直接從顏料管中擠出顏料，以直率、粗放的筆法，營造出強烈的畫面效果。

　　第 4 期封面畫《蛇與婦人》即受到野獸主義的影響，葉淺予用馬蒂斯式的線條勾勒了一個妖嬈的女人體，與一條大蟒蛇糾纏在一起，可以說是一幅帶有唯美主義頹廢情調的「蛇蠍美人圖」。魯了了對此畫作了如下解讀：「在舊禮教積威所壓制之下，一切的毒質：如虛榮、頑固、沉淪，釀成了一座烏煙瘴氣的社會！在物質欲勢力所包圍之中，一切的毒質：如詐騙、刮削、迷惑，造起了一種膿瘡污痂的人生！一般女性們是素向病弱的：她們最會吸收這些毒質，她們亦最會傳佈這些毒質！遂使人群中有此惡毒的染化！」〔註44〕此種觀點顯然是站在男性立場偏激地看待女性，把女性當成社會醜惡現象的侵蝕者和傳播者了。

圖 3-50　第 4 期封面《蛇與婦人》

─────────────

〔註44〕魯了了：《蛇與婦人》，《上海漫畫》第 5 期第七版，1928 年 5 月 19 日。

　　女性與蛇的聯繫在中國文化傳統中由來已久。《詩經・小雅・斯干》曰：「大人占之：維熊維羆，男子之祥；維虺維蛇，女子之祥。」朱熹在《詩集傳》中注解得頗為直接：「虺蛇，陰物也，穴處，柔弱隱伏，女子之祥也。」在這裡，蛇的柔軟、盤繞、蟄居似乎與女性的依附性、孱弱、遠離公眾場合達成高度的契合。而當象徵著女性柔弱與封閉的蛇遊入 20 世紀二三十年代的現代都市時，受野獸主義畫派的影響，就一變而為野性十足的摩登女郎，其喻義也發生了巨大改變。由都市文化薰染出的女性一掃傳統女性的矜持、柔弱、封閉、犧牲，變得貪婪、自我、放肆、性感，由此導致男性對女性佔有力、控制力的崩塌和喪失，並在事實上完成了中國文化傳統對西方異質文化的接受。

第四章　時代鏡象：《上海漫畫》之新聞漫畫

　　新聞漫畫將新聞事件用漫畫形式加以呈現，能夠在攝影技術與傳輸技術不發達的民國時期及時將新聞進行可視化表達，直觀地向讀者呈現新聞場景或新聞人物。新聞漫畫在運用誇張、比喻、對比、借用、變形等手法揭示社會矛盾、傳遞最新信息的同時，還具有評述性與引導性。《上海漫畫》有著豐富的新聞漫畫，基本每期都會刊登，每當重大新聞發生時，更是不會缺席。這些犀利、潑辣的新聞漫畫相較於新聞圖片更加大膽，對外國列強、國內軍閥及社會不良風氣予以更加直觀辛辣的諷刺和批判。

　　要準確把握《上海漫畫》新聞圖片的宗旨，必須瞭解《上海漫畫》的編輯方針。《上海漫畫》作為後來者，是以中國第一本漫畫專刊《上海潑克》為師法對象，以沈泊塵為榜樣，學習其辦刊理念和針砭時弊的諷刺畫風。第18期《上海漫畫》刊登了張光宇的《黑白畫家》一文，紀念《上海潑克》的創辦者沈泊塵，稱讚他為「頑抗的敢說敢做的一員」，是一位「天才的線條的黑白畫家」。同版還發表丁悚的紀念文章《亡友泊塵》，稱「我平生所服膺的，也不過是他一人」，評價沈泊塵的諷刺畫為「我國一個空前絕後的成功者」，「不但他的思想有深刻的含蘊，而結構和線條之和美，在在使人沉醉而欣慕的。」丁悚還犀利地批評了當時報刊的漫畫創作，「有力量的竟不多見，尤其是大報上叫人看了這許多不死不活不痛不癢的插畫，真真難受」。《上海漫畫》在對諷刺畫現狀感到不滿的同時，也在著力改變這種現象。正如第45期中的《編者致讀者》所言，「進步兩個字，我們不敢忘去……無論如何得努力創造一個新局面，來醒一醒讀者們或許要厭倦的眼睛。」

第一節　《上海漫畫》中新聞漫畫的呈現形式

　　新聞漫畫在修辭與藝術手法的建構中將論點包裝出詼諧感，實現比文字和照片更強的說服力與傳播效果。新聞漫畫在製作中不僅要講究人物造型、線條與色彩，還要不斷豐富表現技巧、創新呈現形式。《上海漫畫》的新聞漫畫從開始時以漫畫為輔、文字為主，逐漸賦予漫畫更多的意義，增強漫畫的主體性。漫畫中的新聞人物也從寫實變為動物化、誇張化的卡通形象，人物動作、儀態、表情也更加多樣；呈現形式也從單幅漫畫、單一人物變為多格漫畫、多位人物；敘事方式也從最初的客觀描述變為真假結合的漫畫故事。

一、「時事一束」：重大新聞的集中展現

　　時事漫畫是一種以新聞時事為內容的漫畫樣式，與社會生活類漫畫迥乎不同。「時事漫畫」作為專有名詞始見於 1904 年的上海《警鐘日報》，該報以「時事漫畫」為欄目名稱登載漫畫，鼓吹民主革命。

　　《上海漫畫》常在每一期的第四或第五版刊登一組時事漫畫，將近期重大新聞事件集中呈現，並利用留白對不同的新聞板塊進行分割。此類漫畫由葉淺予設計繪製，在第 47 期第四版首次刊出，名為「時事一束」。正如欄目名稱所言，漫畫繪製的內容是最新發生的新聞事件。因此，讀者對其內容未必知曉或熟知，所以漫畫常配以多列文字加以解釋說明，以加深讀者對新聞事實的理解。

　　下面分別以第 47 期和第 56 期中的「時事一束」說明之。1929 年 3 月 16 日，第 47 期中的「時事一束」雖然畫幅只占版面的四分之一，卻包含 10 則新聞，信息量十分豐富。分別為：國民黨三全大會開幕在即，眾代表紛紛入京；日本議會大武劇；美新總統胡佛上任；第四集團軍總司令李宗仁將軍辭職；12 日，總理逝世 4 週年紀念，舉行植樹禮；歐洲發現軍事密約，戰神欣然有喜色；高麗足球隊戰勝嶺南；林則徐焚鴉片 90 年紀念；雲裳公司開時裝展覽會，正在製造新奇裝束；老人走路不小心，被汽車輾斃。本期「時事一束」既有國內國際要聞，也有體育、時尚、社會新聞。

　　1929 年 5 月 18 日，第 56 期中的「時事一束」也是 10 則新聞，在版面編排上頗有新意，畫面從上到下分為四部分，按照重要新聞在上、次要新聞在下的原則繪製國內外新聞，頗有「倒金字塔」的意味。第一排從右到左排列了三則新聞：孫科北上迎奉亡父靈櫬、喬治在倫敦演說、宋慶齡訪蘇將返

國。第二排同樣安排了三則新聞：邵力子等為蔣馮隔膜闢謠、汪精衛不與新
軍閥合作、中央委任蔡元培建造博物館。這兩排的新聞漫畫，文字介紹十分
詳盡，畫中人物只是對文字的圖解，即使離開漫畫，讀者也能獲知完整的新
聞。與前兩排以文字為主、漫畫為輔的創作風格不同，後兩排漫畫有著更為
豐富的意涵。第三排的標題為「各種運動會之風頭」，五個正在奔跑的漫畫人
物分別代表了各種運動會的參賽選手──小學運動會、民眾業餘運動會、中
學運動會、婦女運動會、中央軍校運動大會，不同年齡、職業與性別的運動
員直觀展示了當時運動會的風行。第四排為三條上海地方新聞：右圖關於遺
產繼承權，跪地哭泣的女子展現了法律仲裁中男女平權的進步；中圖是大發
香檳票〔註1〕夢，一男子正躺在床上做著賭馬賺錢的美夢；左圖為市民請求限
制房屋分租，描繪了上海市民惡劣擁擠的居住環境。

圖 4-1　第 47 期第 4 版
「時事一束」

圖 4-2　第 56 期第 4 版
「時事一束」

〔註1〕香檳票是民國時期上海灘流行的彩票名稱，「香檳」一詞源自 Champion（冠
　　　軍，優勝者）的音譯。1924 年上海《紫羅蘭》雜誌刊登《香檳票軼話》稱：
　　　「春秋二季，海上西僑必舉行大賽馬。在起賽以前之一月，由賽馬總會中發
　　　售香檳票，每票需銀蚨十。其幸而獲首獎者，可得二十餘萬圓。」

二、黃陸案：對新聞事件的追蹤與報導

　　1928 年至 1929 年，包括《申報》《大公報》《上海畫報》《北洋畫報》在內的大報小報，都在爭相報導一樁男女「私通」事件——名門小姐黃慧如與已婚家僕陸根榮的愛情故事。隨著時間的推移，故事幾經起伏反轉，從跨階級的愛情故事演變為僕人誘拐偷盜案，最終在黃慧如的去世中悲劇收尾。《上海漫畫》圍繞著黃陸案創作了多幅漫畫，並隨著事態發展，及時用漫畫向讀者報導最新消息。

　　《上海漫畫》對黃陸案的報導始見於第 35 期第 3 版（1928 年 12 月 15 日）。在這幅黑白漫畫中，戴著鐐銬的陸根榮與挺著大肚子的黃慧如相背而坐。注文稱：「因婚姻不自由，他們就開始戀愛，後來到這種地步，社會認他們永遠要戀愛。」

圖 4-3　第 35 期 3 版

　　黃慧如去世後，第 49 期《上海漫畫》刊登了《黃慧如的死》，用線條連接的十一格漫畫介紹了黃慧如從被退婚到與陸根榮戀愛私奔，再到陸根榮入獄，黃慧如深陷輿論漩渦，最後產子慘死的全過程。題為「誘惑」的第四格漫畫中，拿著魚竿的一隻男人手與被釣起的女人臂膀表明已婚的陸根榮對黃慧如的欺騙，向讀者直接呈現誘拐的事實。第八格中，捂著耳朵的黃慧如身中數箭，四周圍繞著拿著紙筆的新聞記者。黃陸案因新聞媒體炒作升格為著名的社會「案件」，成為民國時期上海十大傳奇案件之一。在黃陸案的報導中，民國記者的醜態畢現，為了迎合讀者，他們不惜製造謠言、擾亂黃慧如的生活，逼得她只能在蘇州待產。當時就有時評題為「新聞記者逼死的黃慧如」，文章痛斥當時的新聞界，「毫不顧事實之有無價值，及真是非之所在，中國新

聞事業之前途將不堪設想」〔註2〕。惟其如此，在黃慧如的死訊公布後，有不少人才懷疑她並沒有難產而死，而是為了躲避記者和陸根榮而假死。第十一格漫畫「復活？」，便是對這一質疑的展現。

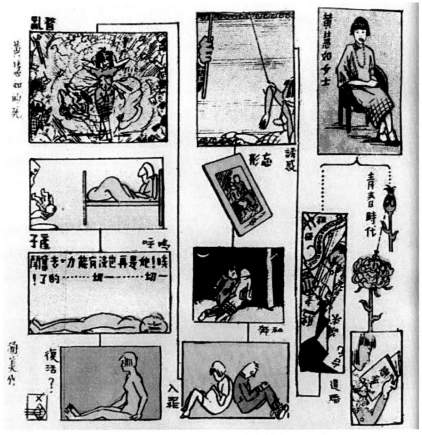

圖4-4　第49期第5版《黃慧如的死》

黃陸案在新聞媒體的炒作下，不停地衝擊著市民的眼球，無良商家也借機消費著具有高關注度的黃慧如。在第62期的一幅漫畫中，以黃慧如命名的香煙，打著「黃慧如來醫眼睛」招牌的醫院，都諷刺著當時無孔不入、喪失良知的商業行為。畫的下半部，手持鈴鐸招攬看客的馬戲團打雜喊著：「請看大蟒蛇！請看黃慧如！」人與蛇的並列、「每位六十文」的廣告語讓讀者深切感受到在這場商業狂歡中，有著血肉之軀的受害者黃慧如已成為謀利的工具，與蟒蛇怪畜無異。

〔註2〕穀韜：《時事評論：新聞記者逼死的黃慧如》，1929年第2期《婦女共鳴》，第4頁。

圖 4-5　第 62 期第 5 版

　　黃慧如死後不久，歷時三年的訴訟以陸根榮無罪釋放而結案。在黃陸案
的審判過程中，陸根榮兩次上訴，第 65 期的一組漫畫介紹了陸根榮第二次上
訴的訴狀辯詞。畫中，在證人席上獨自作證的黃母朱氏、拿著包裹逃離的黃
慧如與解開鐐銬的陸根榮，都表明「被告犯罪嫌疑不能證明，應援引《刑訴
法》三一六之規定，無罪之判決」。

圖4-6　第65期4版

　　在黃陸案的報導中，《上海漫畫》秉持客觀公正原則，不僅用漫畫對案件
進行及時跟蹤報導評述，而且對當事人黃慧如報以同情和人文關懷，對無良
商家和失德記者予以諷刺和鞭撻，體現了較高的品格和職業操守。

三、真與假：漫畫故事中的新聞事件

　　1929年，為了收回掌控在蘇聯手中的東北鐵路特權，剛接過「帥印」不
久的張學良便率領東北軍與蘇軍發生軍事衝突。7月13日，蘇聯政府向中國
政府發出最後通牒，戰爭一觸即發。但國內民眾聞聽此事卻毫無危機感，「以
為離奇驚異」〔註3〕。第65期的一幅漫畫便是根據當時的民眾反應，以最後
通牒為背景，創作了一則頗具諷刺意味的漫畫故事。畫中一個鷹鉤鼻的大鬍
子男人拿著「哀的美敦書」（最後通牒，拉丁文 ultimatum 的音譯），遞給卑躬
屈膝的中方外交官。兩個漫畫人物一大一小，暗示著敵我軍事力量的懸殊。
中方外交官背後站著一個身披盔甲、以劍杵地的武士，象徵著通牒中的作戰
威脅。中方外交官回家便將通牒中的內容告訴了婦人，婦人告訴老人，老人
又說與小孩子聽，小孩子最後告訴了小小孩子。「哀的美敦書」就像小說裏的

―――――――――――――――――

〔註3〕鶴天：《最近中俄問題發生之由來》，1929年第3卷第1／2期《同澤半月刊》，
　　　　第1～3頁。

故事，聽過的國人都不相信「我輩大國」會落到「野人」手裏。最後大家都把
這件事當作一個笑話傳，並傲慢地稱：「他們哪裏敢來」。漫畫中嬉笑著的婦
人、老人與小孩，代表了當時國難當頭卻不自知的懵懂國人。畫面底部是一
柄刺向和平之子的戰爭利劍，警醒著國人人為刀俎、我為魚肉的殘酷現實。

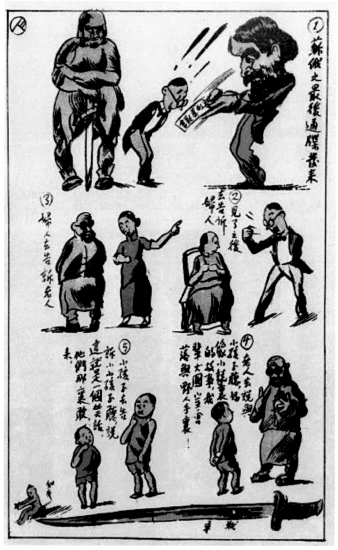

圖 4-7　第 65 期 4 版

　　第 66 期中的漫畫《A 同志對俄之態度》，同樣將真實的中俄作戰背景與
虛構的漫畫人物相結合，以故事的形式諷刺當時不作為的軍閥們。A 同志在
中俄開戰前積極動員群眾，開戰後又貪生怕死。戰前，他在黨部裏演說、對

學生軍訓話,又對他的朋友們說:「國家興亡匹夫有責,……寧為槍頭鬼,毋作亡國奴!」大家都稱頌他是最有血氣、最熱心愛國的少年。但真正開戰後,他卻坐在家中沙發上,蹺著二郎腿悠閒地抽著香煙說:「槍彈是不識人的,生命是寶貴的。」漫畫故事所呈現的視覺圖景中,真實的新聞事件往往被置於虛擬的漫畫人物與故事情節之中;但新聞事件並不是一個陪襯性的存在,而是作為一個生產性的話語要素直接參與漫畫故事的意義建構。在漫畫故事的構思與創作中,畫家往往會構建一種衝突性的認知語境,在《A 同志對俄之態度》的視覺實踐中,A 同志戰前和戰後反差的話語與行為便在衝突中構建出戲謔與諷刺的認知語境。

圖 4-8　第 66 期 4 版《A 同志對俄之態度》

第二節　《上海漫畫》中新聞漫畫的內容構成

　　漫畫從誕生之日起就表現出較強的政治性。興起於清末民初的漫畫一開始就作為批判的武器，最早的新聞漫畫《時局全圖》即是對當時彌漫全國的反侵略反瓜分愛國情緒的一種藝術反映。作為我國第一份漫畫刊物的《上海潑克》政治色彩明顯，刊登了諸如《南北之爭》《總統之夢》等漫畫，對軍閥進行揭露和批判。《上海漫畫》保持著對中外時事政治這一題材的強烈關注，較好地發揮了漫畫的「醒世」社會功能。很多漫畫作品用新聞事件作為創作素材，起到形象化言論的社會效果。

　　在《上海漫畫》發表的大量新聞漫畫中，內容多反映大革命失敗後，中國革命轉入低潮的動向，巧妙地諷刺揭露了國民黨政府的白色恐怖統治以及帝國主義的侵華陰謀。當時的南京國民政府雖然在形式上統一了全國，但各地新軍閥依舊是各占一方、各自為政。國民政府嚴重的財政問題、黨內的爭權奪利、頒布稅收政策以及新聞審查制度都是新聞漫畫批判與諷刺的對象。國內矛盾激化的同時，帝國主義對中國的壓迫也一刻沒有停止。國民政府對帝國主義的屈從導致上海、廣州等地的租界依然存在，政治、經濟、司法也都不能完全自主。在這種背景下，反帝漫畫自然成為新聞漫畫的一大主題。此外，新聞漫畫還對社會問題、不良社會風氣與社會現象、舊文化與舊思想進行批判，在記錄歷史的同時，推動社會的進步。

一、新聞漫畫中的國民政府

　　1928 年 4 月，蔣介石發動第二次北伐，直魯聯軍總司令張宗昌節節潰敗。4 月 30 日，張宗昌連夜棄城北逃。《上海漫畫》第 1 期刊登了一幅張宗昌垂頭喪氣的肖像漫畫，注文為：「張宗昌說：『咱有幾個姨太太都纏不清楚，管他媽特皮的兵！』」6 月，北伐軍佔領北京，張作霖退回東北。第 6 期的一幅漫畫中，一名裁縫坐在縫紉機前趕製青天白日旗，注文稱：「這兩天北京的裁縫在忙碌……」漫畫用紅黃藍白黑五色旗到青天白日旗的變換，諷刺這場軍閥間利益爭奪的戰爭。皇姑屯事件張作霖被日本人炸死後，張學良化裝返奉，次日就任奉天軍務督辦。第 11 期的一幅漫畫中，身穿元帥服的「小張」騎在寫著「奉天督辦」的木馬上，死死地抱住馬脖子，注文為：「小張說：『這是我先父的遺產，我一定要把持牠，方算做兒子的對得起老子。』」諷刺接掌大權卻能力堪憂的張學良。1929 年 1 月 10 日晚，張學良在大帥府老虎廳將張作霖在世時的得力幹

將楊宇霆和常蔭槐槍殺。第 40 期的一幅漫畫中，「小張」手持血淋淋的屠刀說：「此家法從事也，與人無干。」屠刀上寫著：「殺楊常」。這四幅政治諷刺漫畫均為黃文農所繪，記載了 1928 年至 1929 年初民國接連發生的四起重大事件。黃文農 1927 年曾隨北伐軍進駐上海，任上海淞滬警察廳政治部和海軍政治部宣傳科藝術股長，有「政治漫畫家」之譽。其政治漫畫善用大塊黑白以顯示畫面，從內容到形式都獨具特色，鋒芒直指帝國主義和封建軍閥。

圖 4-9　第 1 期第 2 版

圖 4-10　第 6 期第 2 版

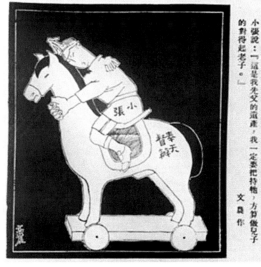

圖 4-11　第 11 期第 2 版

圖 4-12　第 40 期 3 版

　　1928 年 8 月，國民黨二屆五中全會召開，宣布開始「訓政時期」。第 17 期黃文農的漫畫《鬧鐘》，畫了一個標有「五中全會」的鬧鐘，時針和分針分別指向裁兵和黨務，其餘時刻上則寫著建設、修約、財政——這三個沒被指到的時刻恰恰是訓政的題中應有之義。漫畫諷刺打著訓政旗號，排除異己、實行獨裁專制的蔣介石。在黃文農的另一幅漫畫中，一頭瘦骨嶙峋的贏牛身上寫著「財政」，一人正跪地拼命往桶裏擠牛奶，注文為：「不問牛身瘦，但求自己的瓶兒滿」。正如漫畫中的贏牛，當時國民政府的財政問題已十分嚴重，雖然在第一次全國財政會議上建立了國地兩級財政體制，但官員們只顧自己中飽私囊，不管人民的死活和國家的安危。

圖 4-13　第 17 期第 2 版《鬧鐘》　　　圖 4-14　第 20 期第 2 版

　　中國自中英《南京條約》簽訂以後，關稅主權就逐步落入到了帝國主義列強的控制之中，中國人民開始為爭取關稅自主不懈努力。20 世紀二三十年代，國際社會政治力量開始重新洗牌，南京國民政府的成立，為處於水深火熱之中的中國人民帶來了新的希望，於是開展了爭取關稅自主的反帝愛國運動。在《大公報》等媒體的輿論引導和推動下，中國政府終於取得了國際共認的關稅自主，在一定程度上削弱了列強對中國的財政控制。在此過程中，中國雖然沒有擺脫外交弱國的形象，但是在中國近現代外交史上實現了一次重大突破。陳杜也的漫畫《對症下藥》描繪了這一過程，圖中一位沉痾已久的病人（指「中國工商業」）躺在病榻上，一把標有「輿論」的蒲葵扇正奮力煽著爐子上的藥罐，藥罐裏煮著起痾祛疾的良藥——「關稅自主」。

圖 4-15　第 38 期 5 版《對症下藥》

　　然而，天下之事，其不如人意者固十常八九。1928 年 11 月，南京國民政府召開全國禁煙會議，決心將毒害國民八十餘年的煙土徹底掃除。作為水陸要衝的上海在租界的庇護下，煙土走私屢禁不止。就在禁煙會議閉幕後不久，上海便發生了讓全國為之譁然的煙土案。因煙土由長江航線上的一等江船江安輪運輸，故又稱之為「江安輪運土案」。第 33 期中的一幅漫畫，一隻寫著「大人物」的巨手五指張開，正要撿拾地上寫著「百萬江安」的錢幣。「據調查上海進口鴉片，由軍閥保護，每箱可得兩千元。」〔註4〕江安輪運土案背後巨大的利益鏈，暴露了國民黨內部嚴重的貪腐問題。在案件調查中，軍、警各執一詞，互相推諉、指謫，又暴露出國民黨內部複雜的派系鬥爭。第 34 期中的一幅漫畫，一軍、一警擺開架勢互指對方，張開的大嘴表示二人正在進行激烈的爭辯。背景中的海鷗、輪船與兩人之間的黑球表示爭辯的主題為近期發生的江安輪運土案。「那黑東西想：要是我會說話，定向他們聲明是誰要我上這裡來的。」漫畫注文用擬人的修辭手法諷刺了兩人所代表的軍、警之爭。

圖 4-16　第 33 期 2 版

〔註4〕《上海運土案》，1929 年第 24 卷第 1 期《時兆月報》，第 8 頁。

圖 4-17　第 34 期 4 版

　　1929 年，蔣桂戰爭、粵桂戰爭、蔣馮戰爭等國民黨內部混戰相繼爆發。
全年軍費開支達 24500 萬元，占國民黨政府財政收入的 51%〔註5〕。頻發的
戰爭與經濟的衰敗讓生活在槍林彈雨中的人民苦不堪言，猶如草芥螻蟻一般，
生命財產安全難以保全。第 56 期刊登了徐進的漫畫《搶四角》，畫中五個男
童在爭奪房間中的四根立柱，地板上寫著四個大字「中華地盤」。漫畫家用民
間遊戲搶四角〔註6〕，生動刻畫了當時新舊軍閥爭奪地盤的激烈場面。

圖 4-18　第 56 期 5 版《搶四角》

〔註5〕王新全、徐鵬堂：《二十世紀百年故事：1929 年的故事》，延邊大學出版社，
　　　　2005 年版，第 31 頁。
〔註6〕搶四角的遊戲玩法：五人一組，參加者一人站在中間的圓上，四人站在場地
　　　　四角。遊戲開始後，四個角上的人可以用手勢商量互換位置，這時中間的人
　　　　喊「一、二、三」，四角的人開始換位，中間的人快速向某一角跑去，趁四
　　　　角上的某人未搶到新位置時搶佔位置。沒有位置的人站在中間，遊戲重新開
　　　　始。

二、新聞漫畫中的帝國主義

在《上海漫畫》中，中國人常常以被侮辱與被損害者的形象同侵略者一起出現在漫畫裏。第 7 期刊登了一幅題為「我們的國際地位——給別人玩弄而已」的漫畫，由葉淺予繪製。畫面中，身穿和服、腳踩木屐的日本武士蹲踞在匍匐於地的中國人面前，揭示了在帝國主義侵略下遭受胯下之辱的國民政府。第 57 期中曹涵美的漫畫，則將中日兩國加以擬人化的對比呈現。畫面中一個頭戴瓜皮帽、富態顢頇的中國人，被一個身材瘦小、穿著短衫短褲的日本頑童用木屐踢踹著，注文稱「兩個人的特性：一個盡頑皮，一個盡大量」，諷刺面對侵略軟弱無能的國民政府。

圖 4-19　第 7 期 4 版

圖 4-20　第 57 期 5 版

　　反帝愛國是《上海漫畫》的突出特色。五月在中國人眼中充滿了血色和恥辱。1915 年 5 月 9 日，經過 105 天談判，袁世凱被迫簽署將中國的領土、政治、軍事及財政等都置於日本控制之下的「二十一條」。1925 年 5 月 30 日，在上海英租界，英國巡捕向要求釋放被捕學生的群眾開槍射擊，當場打死十三人，重傷數十人。1928 年 5 月 3 日，日軍侵入山東交涉署，槍殺交涉署職員，並在濟南城內大肆屠殺一萬七千餘人。五九國恥、五卅慘案、五三慘案均發生在五月。五三慘案一週年，1929 年 5 月 4 日，第 54 期《上海漫畫》結合這三起事件，創作了三幅以五月為主題的漫畫。第 4 版漫畫《五月的惡夢》，一位熟睡的男士夢見三個張牙舞爪的骷髏正向他撲來，象徵死亡的骷髏與紅色的背景色暗示著血案的發生。第 5 版的一幅漫畫中，一個身中三箭的巨人舉起雙臂痛苦地站立在大地上，箭羽上分別寫著：五月九日、五月卅日、五月三日。同版漫畫《五月的魔鬼》刻畫了三個人物：耀武揚威、手持三八大蓋的日本軍人；身穿和服、腳踩木屐、手持「二十一條」的日本浪人；一手叉腰、一手握槍、不可一世的英國巡捕。三人腳下的標誌牌上分別寫著三起事件的發生地：濟南、北京、南京路。在新聞與舊聞的交織中，漫畫喚醒了讀者的記憶，也爆發出巨大的力量。13 年間，苦難的中國僅在五月便發生了三起震驚中外的事件，喪失的國權，慘死的同胞，囂張的外敵，在刺痛人們神經的同時，也警醒著國民勿忘國恥、保家衛國！

圖 4-21　第 54 期 4 版《五月的惡夢》

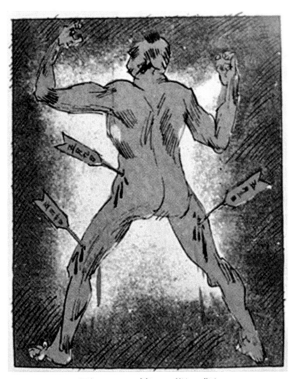

圖 4-22　第 54 期 5 版

圖 4-23　第 54 期 5 版《五月的魔鬼》

五三慘案的發生與時任日本首相田中義一脫不開干係，他在「刷新外交」
的口號下，於 1927 年 6 月召開「東方會議」，制定《對華政策綱領》，聲稱：
惟欲征服支那，必先征服滿蒙；如欲征服世界，必先征服支那。第 5 期中，
張光宇的漫畫便諷刺了推行強硬外交路線的田中，畫中他正用力吹著寫有「擴
張暴力」字樣的氣球，氣球上站著一個寫著「日商」的脫帽求乞的小人〔註7〕，

〔註7〕1927 年日本爆發大規模的經濟危機，直接導致了「幣原外交」的中斷，由此
　　　　開始了「田中外交」。田中上任後，即著手幫助資產階級度過金融危機。

寓意暴力政策終將像氣球一樣爆裂，將日益膨脹的「小日本」炸飛。1928年6月4日，日本關東軍在皇姑屯將「東北王」張作霖乘坐的列車炸成兩截。皇姑屯事件後，田中義一也同那輛出軌的列車一起脫離了日本政壇。6月16日第9期《上海漫畫》刊登黃文農的漫畫《田中之尊容》，將田中畫成一隻帶著鈴鐺的貓，諷刺他不過是昭和天皇豢養的御貓而已。

圖4-24　第5期4版　　　　圖4-25　第9期2版《田中之尊容》

圖4-26　田中義一照片

張光宇和黃文農所畫的田中分別採用了誇張和變形兩種不同的漫畫創作手法，與現實生活中的真人有很大差異。「誇張屬於『透視』範圍，變形屬於『輪廓』範圍，前者是『量變』，後者是『質變』，所以有時互相融合，不能截然劃分。……誇張不一定要生活的真實，只要合乎藝術的真實。而變形，是把某一個人或事件變化與其本來精神相似的另一種形象，比如把人類『獸格』

化，或獸類『人格』化。」〔註8〕張光宇誇張了吹氣球的田中的體態，黃文農則將田中進行了「獸格」化變形處理，非如此不足以表達畫家對其痛恨鄙薄之情。當然，誇張和變形都要掌握分寸，不能誇張、變形過度導致作品真實性降低。對此，魯迅在《漫談「漫畫」》中說：「漫畫的第一件緊要事是誠實……漫畫要使人一目了然，所以那最普通的方法是『誇張』，但又不是胡鬧……漫畫雖然有誇張，卻還是要誠實。」〔註9〕魯迅把真實性作為漫畫的第一評判標準，對於新聞漫畫來說尤其如此。

三、新聞漫畫中的上海社會新聞

多年無休止的戰爭，使中國變成了一個「做什麼都破產的社會」，為了生存，許多外省人奔赴繁華的大上海謀生。但是，「上海產業界也呈現恐慌，消融不了這許多集中來的後備軍。於是新勞動者無業，舊勞動者失業，形成空前的失業狀況。」〔註10〕漫畫《失業者（白日之夢）》便描繪了當時上海的失業潮，畫中六個穿著滿是補丁衣服的青年人躺在公園草坪上睡大覺，旁邊佇立一人，正低頭抽煙若有所思。找不到工作，又無處可去的失業者們只能在公園裏做做白日夢，暫時忘卻現實的嚴酷。

圖 4-27　第 23 期 5 版《失業者（白日之夢）》

失業潮催發出自殺潮。20 世紀二三十年代，上海自殺事件層出不窮，從 1929 年到 1934 年間，每年都在 2000 起左右，被上海市政府認為是「當前最嚴重之社會問題」〔註11〕。「現在的自殺，不可算不多了，單就上海一埠，報

〔註8〕張仃：《它山畫語》，人民文學出版，2005 年版。
〔註9〕魯迅：《且介亭雜文二集》，人民文學出版社，2006 年版，第 20 頁。
〔註10〕無畏：《上海之自殺潮》，1928 年第 4 期《黨鋤》，第 12〜14 頁。
〔註11〕答旦：《中國自殺研究五十年》，《醫學與社會》，2001 年第 4 期。

紙上登的平均算起來，差不多一天有兩三個，若再加上新聞記者不知道的計算起來恐怕大有可觀。」〔註12〕第17期的一幅五格漫畫，描繪了五種不同的自殺方法：吃安眠藥安全的自殺，用手槍迅速的自殺，吞煙輕便的自殺，用刀痛快的自殺，跳黃浦江普遍的自殺。跳黃浦江的人實在太多了，以致上海特別市社會局在黃浦江畔樹起警告牌警醒輕生者，牌子的左上角畫有一個骷髏，左下角寫著「死不得的！快回頭去！」因為輕生者多在夜間自殺，牌子兩面還裝有電燈〔註13〕。第17期還登有一幅跳黃浦的漫畫，一位身著長衫的老者站在木碼頭上，一邊撓頭，一邊自言自語道：「眼見得許多的青年一個個跳向黃浦，我這老兒活的也不甚耐煩，只可憐我胸無點墨，死後拿什麼去登在報紙上出出風頭呢？算了吧，還是回去抱抱孫兒女，做一個五代同堂的夢吧。」老人腳下的黃浦江中，無數的青年人沉入江底，屍骸累累。

圖4-28　第17期4版

圖4-29　第17期第5版

〔註12〕《上海各大報對於青年自殺問題》，1928年第87期《常識》第1版。
〔註13〕朱家驊：《照片》，1928年第164期《世界畫報（北京）》第3版。

　　第 11 期中的漫畫《跳黃浦》,同樣記錄了這一事件。畫中一個做下蹲姿勢,意欲跳江的男子轉身將絕命書遞給身後的救生局工作人員,並告之:「請你轉登各報。」當時不少輕生者都會在自殺前將絕命書交給報社記者。因為能拿到酬金,而且絕命書內容又十分吸引讀者,因此大多數記者樂此不疲,甚至為絕命書製作了「像任何國內大事同樣醒目的標題」〔註14〕。當然有時也會出現版面爆滿的情況。第 13 期的一幅漫畫,一位女性自殺者將絕命書遞給新聞記者,新聞記者為難道:「這幾天新聞地位太擁擠了,你投黃浦江只好請延期吧!」

圖4-30　第11期4版《跳黃浦》　　圖4-31　第13期4版

　　1845 年上海英租界設立後,美租界、法租界相繼開設,歷時近百年的租界成為西方對華侵略的另一個窗口。第 65 期中的一幅漫畫,諷刺了租界中崇洋媚外與全盤西化的現象。手執外國旗和帝國主義者一鼻孔出氣的大亨,拖著學生提著燈籠唱著外國國慶歌的小學教師,插著外國旗開車兜風的亡國奴,就連街市上也掛著外國國旗,漫畫諷刺道:「如若國亡後,他第一個願意做亡國奴」。

〔註14〕魯少飛:《自殺》,第 16 期《上海漫畫》第二版,1928 年 8 月 4 日。

圖 4-32　第 65 期 5 版　　　　　圖 4-33　第 83 期 4 版

　　1929 年 8 月 11 日，上海各報發布新聞：新世界遊樂場將舉行「中西遊藝大會」，大會期間將舉辦選美競賽，獲選者可免費去美國遊歷。消息傳出，轟動申江。虞洽卿的女兒虞澹涵，永安公司老闆郭標的女兒郭安慈，富商陳永奎夫人、孫兆蕃夫人、陳秉璋夫人等參加競選。選舉採用投票方式，每一入場券可投一票。主持人叫李元信，雖說是代麻瘋醫院募款而舉辦名媛競賽，實際為新世界也增加了一大筆收入。經過 45 天的角逐，郭安慈以 20870 票當選，虞澹涵以 14509 票屈居亞軍。可是由此卻引起一場風波。原來，競賽開始後，虞澹涵的票數始終遙遙領先，不料就在投票截止前數小時，另一參賽選手尹小姐自知冠軍無望，突將選票 8900 張填寫了郭安慈名字投入票箱，於是郭反以 6361 張票超出得冠。1929 年 11 月 23 日，第 83 期的一幅漫畫便以名媛選舉為背景，繪製了「上海各件選舉大會之被選者」，諸如：遺老、大少

爺、百花（妓女）、煙鬼、姨太太、娘姨、小癟三、賭鬼、大亨等九類選舉，
諷刺選舉盛行後的「洋洋大觀」。圖下注解稱：「選舉本為一種積極之舉動，
為全民之幸福」，但選舉名媛不以德智體美為評判標準，「真是集罪惡之大成」。
直接抨擊在利益與虛榮心驅動下產生的名媛選舉。

四、新聞漫畫中的教育問題

　　20 世紀二三十年代的上海，「從學校出身的人員找不到職業是一般普遍
現象」〔註 15〕，社會上也出現了「窮人毋須讀書」的怨聲。但在頻發的戰爭
與衰退的經濟面前，窮人想要改變經濟狀況、提升社會地位，除了讀書之外
又別無他途。張英超所繪的兩幅漫畫反映了這一社會現狀。第 58 期繪製了一
個為生存而讀書的勵志青年。圖左一男子在燈下捧書苦讀，旁注：「今日努力
用功」；圖右此人夾著兩個大袋錢而來，旁注：「他日飛黃騰達何等幸福！」。
第 59 期則提供了一個反面的例子，圖右一男子左手持煙右手擁著一位紅衣女
子，書本被隨手拋在身後，旁注：「今日拋了書本逍遙作樂」；圖左此人赤著
膊穿著補丁褲子作愁苦狀，旁注：「他日點金乏術老大徒喪（傷）悲！」漫畫
用圖像形象闡釋了漢樂府詩句「少壯不努力，老大徒傷悲」，在今與昔、正與
反的對比中強調了讀書的重要性。

圖 4-34　第 58 期 4 版

〔註 15〕豈凡：《一般的話：奉勸窮人毋須讀書》，1928 年第 6 卷第 2 期《一般（上海
　　　　1926）》，第 309～312 頁。

圖 4-35　第 59 期 5 版

　　民國時期，專科以上學校中家庭出身為商、學、政的學生占主導，農、工界家庭出身的學生只占到 20%〔註16〕，與工農龐大的人口量不成比例。正如第 64 期的漫畫《學士頭銜的構成式》所描繪的，學士頭銜是由金錢和時間構成的。國立大學中寒門學子十分少見，留學更是成為出身富貴家庭學生的特權。因為留洋學者的稀缺性，他們的畢業照常常會刊登在報紙上。第 65 期的一幅漫畫中，身穿新式旗袍的女子坐在沙發上頗為得意地看著登有她畢業照的畫報，身後穿著西服的男子頗為不屑地說：「等著看看我從美國回來時登在大報上的博士照片吧！」然而，作為稀缺人才的留洋學者，當時卻有不少在回國後為家庭所困，未能為國效力。第 63 期中，魯少飛以女留洋學者為主角創作了一幅六格漫畫。畫中的女子先是拿到一張登有她照片的畫報，之後便乘上海輪出洋留學；在國外獲得博士學位歸國後，即與某某博士結婚；不久便生子哺乳，最後成為家庭主婦，徒然慨歎：「昔日之壯志如今安在？」漫畫反映了中國近代社會轉型中知識女性所面臨的家庭和事業的兩難抉擇。

〔註16〕李濤：《民國時期國立大學招生研究》，西南大學博士學位論文，2014 年，第 13 頁。

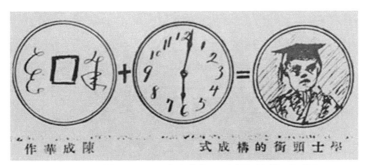

圖 4-36　第 64 期 7 版《學士頭銜的構成式》

圖 4-37　第 65 期 5 版

圖 4-38　第 63 期 5 版

　　民國時期，寒門學子不僅很難邁進大學校門，就連小學也呈現貴族化傾向。第 61 期的一幅漫畫，貴族小學門口停放著一排排汽車、包車，圖下注文點題稱：「首都小學校放學時之貴族化」。寒門學子求學難的問題揭示出民國時期平民教育的缺失。第 84 期的一幅漫畫便呼籲政府重視教育問題，畫中十個小朋友穿著不同職業的服裝，分別代表了他們各自的未來：有軍人、官員、老闆、教育家、藝術家、運動家，也有工匠、水手、夥計和乞丐。其實，他們的未來在他們出生時就已經注定了。漫畫右上注文寫道：「到了這個年頭兒，最有希望的兒童是未來的大國民！」左下注文責問道：「但是問問現在的國民教養，這般兒童是誰的責任？」不僅國民教育為金錢所驅使，當時的兒童玩具也充滿了物慾。在漫畫《潛移默化之兒童玩具》中，一個男孩站在教育用品商店櫥窗前觀看，櫥窗裏陳列著中國玩具公司生產的「僥倖之神」和「滿足之神」新式玩具。玩具中體現的成人遊戲規則與純淨的兒童世界格格不入，衝突性的語境中，讓讀者反思每況愈下的教育現狀。

圖 4-39　第 61 期 4 版

圖 4-40　第 84 期 5 版

 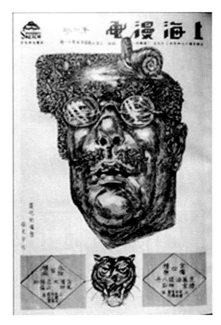

圖 4-41　第 62 期 7 版　　圖 4-42　第 6 期封面《偶像的腐敗》
《潛移默化之兒童玩具》

有鑒於民國教育的亂象，1928 年 5 月 26 日，《上海漫畫》第 6 期封面刊登張光宇所繪的《腐化的偶像》，所繪人物據說是蔡元培。在第 7 期魯少飛賦詩評論道：「偶像，眼向上天望著——是蠢笨的人類中的智慧者吧？！他傲岸的沉思著，永遠沒有移動過；他的雍容華貴的儀表上，有美麗的花兒，有細緻的菌兒，有蓬勃的草兒，長得多麼的使人尊敬！蝸牛會安靜地蜿蜒著，永遠沒有跌落嗎！？偶像，是無上的尊嚴，永遠是蠢笨的人類中的最智慧者吧。」對此，著名漫畫史家畢克官稱：「《偶像的腐敗》中的頭像是蔡元培，但作品諷刺的矛頭不是蔡，而是民國初期的教育制度。因蔡元培當時正好任職教育總長〔註17〕，漫畫也就以他為目標了。」〔註18〕

五、新聞漫畫中的新文化與新思想

在新與舊、中與西的文化碰撞中，民國政府採取了移風易俗的措施。1912

〔註17〕蔡元培 1912 年曾任南京臨時政府教育總長，此時應為南京國民政府大學院院長。南京國民政府時期，仿法國教育制度不設教育部。蔡元培任期為 1927年 6 月 17 日～1928 年 10 月 6 日。

〔註18〕畢克官：《過去的智慧——漫畫點評（1909～1938）》，山東畫報出版社，1998年 6 月版。

年至 1928 年間，民國政府的制禮部門的名稱與職能幾經變更，比漢朝至清朝兩千餘年的變化還要多〔註 19〕。雖然剪髮辮、禁纏足的法令已頒布多年，但這些陋習並沒有完全消失。漫畫《中國寶貝》便描繪了當時社會中的封建殘餘——男子的長辮、女子的小腳、吸鴉片、運鴉片。

圖 4-43　第 73 期 5 版《中國寶貝》

〔註 19〕伍野春、阮榮：《民國時期的移風易俗》，《民俗研究》2000 年第 2 期，第 59 ～70 頁。

　　除了可見的封建習俗與封建餘毒外，無形的封建禮教思想也在壓迫並束縛著人性。儘管 20 世紀二三十年代中國城市的婚姻制度發生了巨大變化，婚姻自由、夫妻平等開始逐漸為人們所接受，但傳統的舊制度和舊風俗依然根深蒂固。就婚姻的締結而言，父母之命、媒妁之言仍是基本的途徑。面對舊式包辦婚姻，青年男女難以追求自己的幸福。曹涵美的漫畫《殘忍的結婚》，反映了舊式包辦婚姻的陋習：童養媳和老少配，巨大的年齡差讓男女之間代溝明顯，毫無感情幸福可言。即使男女自由戀愛，也會受到舊勢力的百般阻撓。第 24 期的一幅漫畫中，穿著結婚禮服的一對新人站在中間，代表「舊勢力」「舊社會」的一雙魔爪要把他們分開。正如畫中所言，封建禮教就是「幸福之敵」「青年之仇」，阻擋社會的發展和時代的進步。據上海社會局統計，1930 年上海的離婚案件共有 852 起，其中以意見不合居多。第 68 期的一幅漫畫透露了當時上海的離婚數量，一個拄著文明棍的男子問道：「貴律師歷年所承辦的案件屬於何種最多？」一位大腹便便、掙得盆滿缽滿的律師答道：「當然是離婚案件啊！」上海離婚案件的增多反映出當時人們婚姻觀念發生劇變，伴隨著婚姻法的完善與婚姻制度的現代化，人們的婚姻自主意識也在逐漸增強。

圖 4-44　第 53 期 7 版《殘忍的結婚》

圖 4-45　第 24 期 2 版

圖 4-46　第 68 期 4 版

　　20 世紀二三十代的中國，正是新女性開始走上歷史舞臺的時期，經歷了五四新文化運動的洗禮，關於女性的種種進步言論開始活躍於中國的公共輿論空間。當時興起的女權運動主要有三種形式：爭取法律平等權的女權運動，以慈善和社會服務為特色的基督教婦女運動，爭取經濟權益的勞動婦女運動〔註 20〕。黃文農的漫畫《女權膨脹》描繪了當時日益興起的女權運動，畫中戴著拳擊手套的女人正用力擊打著毫無招架之力的男人的下

<hr />

〔註 20〕宋少鵬：《社會主義女權和自由主義女權：二十世紀二十年代中國婦女運動內部的共識與分歧》，《中共黨史研究》2013 年第 5 期，第 76～88 頁。

巴，畫家用「女拳」諧音「女權」，用出拳表示現實中激進的女權運動。類
似的漫畫還有不少，如魯少飛的《摩登先生不敵摩登姑娘一舉足》，一位穿
著超短旗袍的摩登女子一腳把一個男子踢向空中。魯少飛另一幅題為《緊
漲》的漫畫中，一個男子身體向後彎曲在摩登女子的指掌之中，隨時有被彈
出去的危險，而男子是否會被彈出去則完全取決於女子的態度。魯少飛對
於女性主體性的過度強調，既是對女性主體性的認同，同時也表達了自己
的反諷。

圖 4-47　第 36 期 5 版《女權膨脹》

圖 4-48　第 107 期 4 版《摩登先生不敵摩登姑娘一舉足》

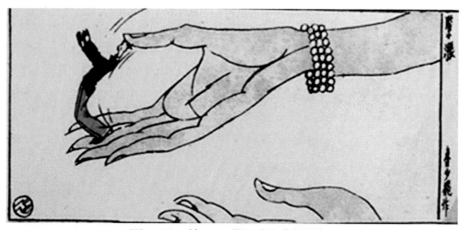

圖 4-49　第 109 期 5 版《緊漲》

在女權運動的影響下，男女平權成為當時常見的口號。第 16 期的一幅漫畫，就描繪了青年男女從單身到結婚生子的平等關係。懷孕的妻子對丈夫說：「現在我懷了孕，男女仍要平權。」丈夫用手摸摸腦袋答道：「你懷五個月，我懷五個月好嗎？」在女權運動的影響下，婦女的社會地位顯著提升，漫畫《從前與現在》便描繪了夫妻關係的前後反轉。圖右是從前時的情景，丈夫坐在椅子上訓斥躬身端茶的妻子，注文為：「從前妻子賢慧的、溫和的，而丈夫常怒罵著甚至毒打。」圖左是現在的情景，妻子翹著二郎腿坐在沙發上抽煙，丈夫侍立一旁，注文為：「現在妻子浪漫的、懶惰的，而丈夫常嬉笑著毫無辦法。」第 21 期的一幅漫畫中，女子背後緊緊跟隨著一位腰間別刀的男子，注文為：「新時代女子的背後，當有這樣一個丈夫，腰裏掛著一柄利刃，隨時保護。碰著怨家，拔刀來就開戰；不幸的時候，也可拿來自殺！」男人的命運完全由女性來決定。

圖 4-50　第 84 期 4 版《從前與現在》

圖 4-51　第 16 期 5 版　　　　圖 4-52　第 21 期 4 版

　　伴隨著婚姻中的男女平等、男女平權，同性戀也堂而皇之地登上了《上海漫畫》。第 60 期曹涵美的漫畫，左圖一對卿卿我我的女子說著「你是我的HASBAND！」；右圖一對如膠似漆的男子說著「你是我的 WIFE」。同版魯少飛的漫畫《男朋友和女朋友》同樣描繪了同性之間的戀情，一對男子和一對女子挽著手臂在逛公園，說明當時人們已經見怪不怪了。

圖 4-53　第 60 期 5 版

圖 4-54　第 61 期 5 版《男朋友和女朋友》

　　1910 年，首屆中華民國全國運動會〔註21〕在南京舉行，推動了近代體育項目的傳播。隨著民眾運動與健身意識的提高，運動會逐漸成為常見的賽事。1930 年 3 月上海第一屆全市運動會舉行，第 99 期魯少飛的漫畫《全市運動會之印象》繪製了賽場上形式多樣的體育項目，八個穿著運動服和運動鞋的女運動員做著擲鉛球、跳高、跳遠、賽跑等動作。20 世紀初由外國僑民發起的上海萬國競走賽，在每年冬季的一個星期日舉行。漫畫《萬國競走經過威海街路情形》描繪了 1928 年競走賽的盛況，畫面中五位胸前貼著號碼牌的中外運動員甩著手臂，在街道上奮力奔走著。道路兩側，警察維持著秩序，還有一些市民騎著自行車尾隨其後。下方的注文稱：「轟動全滬、一年一度的萬國競走比賽，去年中國曾得錦標，今年仍得保持，較去年益見精彩。」對這五位運動員都標注了姓名並簡要介紹，因此這應是一幅現場速寫作品。

〔註21〕中華民國全國運動會，從 1910 到 1948 年間共舉辦過七屆，其中 1910 年在南京舉辦的「全國學校區分隊第一次體育同盟會」，在中華民國成立後被追認為第一屆全國運動會。

圖 4-55　第 99 期 4 版《全市運動會之印象》

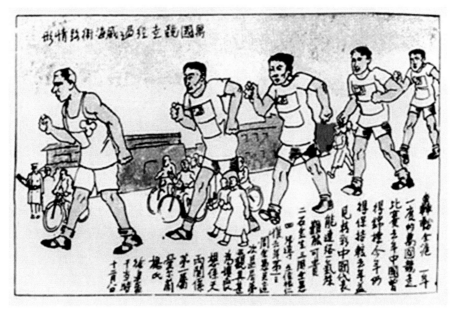

圖 4-56　第 86 期 5 版《萬國競走經過威海街路情形》

六、新聞漫畫中的中西文化衝突

近代以來，伴隨著西風東漸，引發了中西文化在諸多領域的正面衝突和論辯。各種論辯的發生既來自內部，也來自外部，整體上均與時代轉型和文化轉向相關。

圖 4-57　第 48 期 4 版《哪一種是科學化的？》

提起民國初年的中西文化衝突，最突出的莫過於中西醫之爭。西醫的大規模傳入是在鴉片戰爭之後，隨著來華傳教士興辦醫療機構而發展起來的。到 20 世紀二十年代初，西醫隊伍基本形成，原本統一的醫界，遂分為中醫與西醫兩大疆界。在五四新舊思潮激烈衝突中，西醫界稱中醫為舊醫，稱自己是新醫，將中西醫之爭視為「新舊之爭」；而中醫界則稱自己為國醫，將中西醫之爭視為「中西之爭」。1925 年以後，中西醫界的爭論，逐漸由學理討論泛化為意識形態爭論。在西醫界看來，中醫等同於迷信與巫術，是科學的對立面。在科學主義高揚的思想背景下，難以為近代科學所證明的中醫，無法在科學上找到依據，因而也就不具備合法性。於是廢止中醫，便成為合乎邏輯、合乎時代潮流之事。1929 年 2 月，國民政府中央衛生部召開第一屆中央衛生委員會。在這個全部由西醫參加的會議上通過了余雲岫的「廢止中醫案」。余氏斷言「舊醫一日不除，民眾思想一日不變，新醫事業一日不能向上，衛生行政一日不能進展」〔註 22〕。

〔註 22〕傅維康：《中國醫學史》，上海中醫學院出版社，1990 年版，第 519 頁。

同時對中醫行醫作出苛刻規定，使中醫學瀕於滅絕之境地，激起了中醫藥界人士和社會人士的憤慨和抗爭。1929 年 3 月 23 日，第 48 期《上海漫畫》刊登了張光宇的漫畫，描繪了當時的中西醫之爭。畫中一手持筷、一手端著饅頭的老中醫，與手拿麵包、口袋裏揣著聽診器的西醫在爭論「哪一種是科學化的？」雙方互不相讓、勢均力敵，似乎要永遠爭論下去。

　　近代，隨著基督教和西方科學的傳入，對中國社會產生了深遠的影響。科學與宗教具有本質的區別，由此也產生了兩者間的衝突現象。上世紀二十年代，中國社會曾發生過一場相當大的思想爭論，這就是科學與玄學的論戰。當時一些科學家認為，人生觀的問題科學也可以解決；而一些思想家則認為，科學可以解決許多問題，但是人生觀的問題是科學不能解決的。這場論爭的結果是誰也沒有說服誰，誰也不能替代誰。魯少飛的漫畫《半死半活的神像》，畫了一個兩面神，一面是手持燒瓶和燒杯的科學家，另一面手捧聖經的傳教士，其意為：「一半是殺人的科學，一半是救人的宗教。」

圖 4-58　第 96 期 5 版《半死半活的神像》

　　近代以來，「西畫東漸」對中國畫的發展產生了深遠的影響。由於受到五四新文化運動的薰陶，一批新文化運動人士把中國畫看成「老古董」，認為其應同「孔家店」等所有傳統文化一併打倒。西畫逐漸發展成為一股影響盛大的潮流，使得畫壇氣息駁雜，風格多樣。當然，也有許多藝術家積極探尋改良中國畫的道路，同時也有一些藝術家依然堅持走傳統之路。魯少飛的漫畫《最近洋畫家之悲運》中，一位西裝革履的「洋畫家」吸著煙斗，手執毛筆，正在創作一幅傳統中國畫，希望「寫此隨筆，以求聞達」，諷刺了在西畫之路走不通後又試圖藉中國畫以成名的留洋畫家。

圖 4-59　第 35 期 4 版《最近洋畫家之悲運》

　　與美術界一樣，五四新文化運動前後，中國音樂界出現了提倡西樂、貶低中樂的過激傾向。關於中國音樂出路，一些人甚至提出「中國音樂落後於西方」，主張「向西方乞靈」。到 20 世紀二三十年代，上海興起了一股「國粹

主義」音樂思潮。音樂界在對待中西方音樂關係上產生了三種觀點:一是排斥西樂,復興國樂;二是西樂中源,以中化西;三是復興雅樂,振興國樂。在該思潮影響下,中國音樂界開始重新重視民族傳統文化,一批音樂家也開始了有意識的國樂創作,從而形成了國樂與西洋音樂並行發展的狀況。黃文農的漫畫《新空城計》中,站在城樓上的諸葛亮竟拉著小提琴,唱起了「我本是……」。京劇用西洋樂器伴奏,在今天的人們看來顯得多麼荒唐和怪誕。不過,在上世紀 30 年代京劇大師梅蘭芳就嘗試過把小提琴融入京劇伴奏,60 年代「革命樣板戲」中也大量使用了西洋樂器,以取得交響效果。

圖 4-60　第 51 期 5 版《新空城計》

七、新聞漫畫中的新聞人與新聞業

　　1928 年,民國政府先後頒布了《指導黨報條例》《指導普通刊物條例》《審查刊物條例》,建立起了新聞事業網與新聞檢查制度。第 73 期的一幅漫畫便諷刺了當時的新聞檢查處,畫中的檢察官被一大堆低俗廣告弄得滿頭大汗。嚴厲的審查制度使當時的報紙新聞越來越少,只好新聞不夠,廣告來湊。為了抗議國民黨政府對新聞自由與言論自由的壓迫,面對被扣壓的稿件,進步新聞工作者常會在報紙版面上留下成片空白——「開天窗」,以示無聲抗議。第 60 期中,

丁悚的漫畫借說反話揭露了這一現象，畫中一人指著開滿「天窗」的報紙問道：
「大報上的新聞稿為什麼這麼的缺失？」另一人答道：「只怕因為廣告稀少的
緣故。」新聞缺失的主要原因是當時的新聞檢查制度，並非因為缺少廣告的緣
故。在第 80 期黃文農的漫畫中，一位外僑拿著一張中國報紙一語道出真相：
「我雖不認識中國文字，如今看見這許多大大小小的空白，便理會得現在的中
國局面了。」正如黃文農的另一幅漫畫所描繪的，為了捍衛言論自由，新聞從
業者只能在新聞檢查的巨大車輪碾壓下奮力抗爭，苦撐硬撐。

圖 4-61　第 73 期 4 版

圖 4-62　第 60 期 5 版

一個外僑執著一張中國新聞紙在自實自誇的道：「我
雖不認識中國文字，如今君見這許多大大小小的空白
，便理會得現在的中國局面了。」
文農作

圖 4-63　第 80 期 2 版

圖 4-64　第 65 期 3 版

　　喪失言論出版自由的中國新聞業如同鐐銬在身，生機盡失，與蓬勃發展
的世界新聞事業的差距越來越大。第 40 期中曹涵美的漫畫，一匹代表「世界
各國的報紙事業」的奔馬四蹄騰空，絕塵而去，而「中國的報紙事業」則如一
頭艱難前行的羸牛，望塵莫及。除了新聞制度落後西方一大截，物質條件也
無法與之相比。在同期曹涵美的另一幅漫畫《中國和世界各國報紙事業的比
較》中，「人家拿世界全局來定他們的方針，我們拿上海的眼光去應付全世界；
人家用飛機送報、送原稿、送照片，我們還靠著腳夫和郵差。」漫畫用上海與
世界、郵差與飛機的對比，直觀展示著中國新聞事業與世界的巨大差距。

圖 4-65　第 40 期 5 版

圖 4-66　第 40 期 5 版《中國和世界各國報紙事業的比較》

　　除了新聞制度與技術手段亟待改良外，報人與讀者的素養也亟待提高。
第 81 期魯少飛的漫畫，反映了當時「在新聞紙上天天見著的野蠻性暴露」——
青年意志薄弱投黃浦江自盡、汽車軋殺走路人、親夫持刀捉姦斬死男女二

人、營業失敗仰藥自盡、巡捕追住搶匪、汽車路遇綁票、捉住煙販、本夫捉住捲逃。讀者只能天天皺著眉頭看報，底部注文由此發問：「中國的報紙滿紙都是消極的新聞，不知何日可以改良？」第 80 期中魯少飛的另一幅漫畫，描繪了各種看報人的心理——追星族專看名人行蹤、小姐們專看電影廣告、太太們專看戲單、青年人專看女人赤膊、老年人專看米價……。漫畫注文由此感歎道：「現在這樣科學進步的時代，中國人不會知道怎樣的研究，專慣看了那些無關緊要的消息，發狂發跳！」

圖 4-67　第 81 期第 4 版　　　　　圖 4-68　第 80 期第 4 版

其實，當時也不乏關注時政要聞的讀者。1929 年 10 月 5 日，第 76 期中黃文農的一幅漫畫，兩位讀者在閱報欄前一邊讀報一邊交談著。一人問：「你最要看的是什麼新聞？」一人答：「我最注意那朱毛的行蹤！」1928 年 4 月，朱德率領南昌起義部隊到達井岡山，與毛澤東的秋收起義部隊會師，成立紅四軍，即朱毛紅軍。1929 年 1 月，朱毛紅軍為了打破敵人的「會剿」，向贛南、閩西游擊，創建了閩西根據地，隊伍日益壯大。當時國民黨動用《中央日報》等一切宣傳機器，幾乎天天登載「圍剿」紅軍的消息，但讀者卻能夠反面

新聞正面看，從中窺探出朱毛紅軍轉戰千里、不斷開闢和擴大革命根據地的勝利消息。這幅漫畫形象地闡釋了報刊只有滿足讀者的閱讀需求才能贏得讀者的傳播規律。當然，讀者需求也是報販子的利之所在。第 8 期中黃文農的一幅漫畫，一位報販子一邊數錢，一邊自言自語道：「我希望最短期間各日報出版革命軍打進奉天城的號外。」

圖 4-69　第 76 期第 7 版

圖 4-70　第 8 期第 8 版

第五章　文化記憶：《上海漫畫》之社會風俗漫畫

　　《上海漫畫》創辦於民國的「黃金十年」（1927 年～1937 年）初期。這時期，擁有列強租界的大上海畸形繁榮，很快成為與巴黎、倫敦齊名的遠東第一城市。雖然按照居住人口、經濟規模、城市建設和貨物吞吐量來看，上海都堪稱位居國際前列的大都市，但從全國政治、經濟、文化的形勢、性質來看，上海又無疑是一個帶有「孤島」身份的特殊城市。其一，因為大面積租界的存在和自身金融地位的確立，上海的政治地位超然於國家政治之上；其二，上海經濟既與外國資本密切相連，又為中國農業經濟所深深困擾，這使得它不僅要受到國際經濟發展形勢的影響，還要面臨弱勢政府對經濟發展無能為力的困境；其三，處於由傳統城市向現代化都市轉換中的上海，舊的社會痼疾尚未根治，西方糟粕又隨著物質文明一起裹挾進來，中國傳統城市市民文化與現代都市商業文化緊密融合。在這種特殊的歷史條件作用下，上海逐漸形成了不同於中國其他地區的地域文化，即所謂的「海派文化」〔註1〕。在這種特殊的地域文化中，中國固有的傳統文化以其難以消除的慣性依然影響著人們的思維方式，使他們在接受外來文明時自覺不自覺地保持著疑惑的

〔註1〕關於「海派」一詞的來源，至今尚無定論。一般認為源於海上畫派。海上畫派的前源是以明代董其昌為代表的松江畫派。海派文化的繁榮，開始於五四運動之後，新文化運動在上海的異軍突起。海派文化是中國近代以來最具活力的地方文化之一，對中國近代的文化與風氣有很大影響，其特點是兼收並蓄、敢於創新。在海派文化藝術的影響下，在藝術設計領域又產生了海派建築、海派服飾、海派家具等，這些時尚元素合力形成了巨大恢弘的海派文化。

心態。對現代生活方式的由衷嚮往和熱烈追求以及對西方文化的不理解所引起的隔膜，這兩種悖謬的心態相反相成地統一在近現代上海人的身上，並逐漸培養出一個從心理到行為都不同於其他城市的上海市民階層。

身處繁華大都市的《上海漫畫》將視角對準了市民生活的百態，其極具趣味性與幽默感的社會風俗漫畫保存了上海市民原生態的生活狀態，成為彌足珍貴的歷史記憶。

第一節　漫畫中的上海眾生相

伴隨著工業化、都市化的推進，上海社會結構的分化整合空前劇烈。與傳統中國社會結構中的士、農、工、商四大職業群體不同，在民國時期，上海出現了諸如中產階層、產業工人、都市貧民等新社會階層〔註2〕。上海社會分層明顯，都市居民因職業、收入、社會地位、教育程度等方面的不同而存在著分層，這些新出現的社會群體便分屬於不同的社會層級。

上海社會的上層是由官僚、士紳、資產階級等組成的，他們收入豐厚，社會地位高，多居住在花園洋房或新式公寓中。上海的官僚分成舊式官僚和新式官僚兩種，上世紀二三十年代舊式官僚業已式微，新式官僚主要是就職於國民黨政府中的官員。隨著科舉制的廢除，傳統士紳的影響力急劇下降，並逐漸為新式士紳所取代。新式士紳部分由舊式士紳發展而來，部分由商人或從事新興行業的成功者轉化而來。上海的資產階級則主要由買辦、紳商、舊式資本家、新式資本家等構成。

上海社會的中層包括職員、知識分子、自由職業者以及部分熟練工人。他們是伴隨著工業化、城市化而興起的新職業群體，大多有體面的工作，受過良好的教育，且擁有專業技能。職員泛指在政治、經濟、文化等機構從事非體力勞動的服務人員。三十年代上海職員人數甚眾，達二三十萬〔註3〕，大部分職員供職於洋行、民族資本經濟組織和舊式商店中。其中舊式店員人數最多，約十三四萬人，外商企業（包括外商的進出口洋行、工廠、交通事業、銀行保險公司等）的職員有十萬人之多，民族資本組織（包括工廠、商店、銀

〔註2〕熊月之主編：《上海通史》（第9卷），上海人民出版社，1999年版，第73頁。
〔註3〕朱邦典、胡林閣、徐聲合編：《上海產業與上海職工》，上海人民出版社，1984年版，第701頁。

行在內）的職員為四五萬人，行政機構的公務員受雇於華界的上海市政府、公共租界的工部局等機構，人數僅為 1.2 萬人〔註4〕。整體觀之，職員群體多受過新式教育，擁有某方面的專業技能，他們職業比較穩定，福利待遇優厚、生活水平較高、閑暇時間較多。上海的知識分子群體亦可歸入社會中層，上世紀二三十年代上海的知識分子人數相當可觀，單大中小學教員和新聞從業者即有 3 萬人。上海的知識分子大致可分為外來型和內生型兩種，外來型知識分子包括：由北方（主要是北京）南遷上海的文人；國共分裂後，先前投身政治的文化人來上海重新從事文化活動者；歸國的大批留學生。內生型知識分子是指由上海本地各級各類學校培養出來的知識分子。醫師、工程師、會計師、律師等，構成了民國時期上海自由職業者的基本隊伍，自由職業者中人數最多的為醫師，工程師、律師次之，會計師則較少。此外，上海還有數量可觀的熟練技術工人，因其收入頗高，亦可列入社會中層之列。

　　上海社會的中下層主要由工人組成。上世紀二三十年代的上海工人處於社會的中下層而非底層，因為他們畢竟有固定的工資收入，相對於沒有固定收入或收入甚微的都市貧民來說，其社會地位要高些。工人中的產業工人是近代以來出現的社會群體。作為近現代中國的工業中心，上海集中了數量龐大的工人階級。上海的產業工人主要集中在紡織業、煙草業、繅絲業等行業中，產業工人中女工比例很高，尤其是紡織業。此外，上海還有數量龐大的交通運輸業和商業工人。上海的工人大多數就業層次偏低，整體上處於社會中下層，其內部亦存在分層。都市貧民及社會底層主要由苦力組成。苦力是無固定職業和固定收入，純粹靠出賣體力為生的社會群體，多從事市內交通運輸、建築工程及車站、碼頭搬運等工作。此外，貧民還包括為數眾多的乞丐、流浪者等等。社會底層的貧民居無定所、收入極不穩定，生活相當艱苦。

　　這 110 期《上海漫畫》描繪了上世紀二三十年代上海各階層的眾生相，堪稱上海社會的百像圖。漫畫《大雪紛飛中》擷取了冬日上海的街頭景象：攝影師在拍攝雪中作業的工人；詩人踱步街頭吟詠著銀色世界；公館裏的少爺奶奶們坐著汽車出來賞玩雪景，路上滑倒的行人成了他們的笑料。事實上，上海是一座天堂和地獄並存的雙城，對於富人來說就是天堂，而對窮人來講就是地獄。漫畫《上海的值錢東西一覽表》中，人和物都成了商品，他們是：

〔註4〕朱邦興、胡林閣、徐聲合編：《上海產業與上海職工》，上海人民出版社，1984
　　　年版，第 702 頁。

有銅錢的寡婦和漂亮的少年，有手面的白相人〔註5〕大亨和小寡老，以及大司的克（手杖，stick 音譯）、鴉片煙槍、麻將牌、手槍、龍頭龍尾巴大出喪、白相人的大拇指、新聞記者的名片、模特兒、女人的媚眼。種種人和物都呈現著大上海金錢至上的消費文化與奢侈糜爛的生活方式，以及拜金主義、享樂主義與極端個人主義的價值觀。

圖 5-1　第 88 期 5 版《大雪紛飛中》

〔註 5〕白相人：舊上海俚語。上海話裏，「白相」就是玩，白相人也就是在社會上玩的人，相當於現在所說的花花公子。

圖 5-2 第 76 期 4 版《上海的值錢東西一覽表》

　　社會階層的差異成了大多數人難以逾越的鴻溝。第 53 期魯少飛的漫畫《上海少數人享受的一隻金飯碗》中，普羅大眾瘋搶著一隻金飯碗，金飯碗裏是享受特殊國民待遇的「上海少數人」——工程師、捕頭、大班、丘八（兵）、娼妓、水手和牧師。第 85 期黃文農的漫畫《上海封神榜》，列舉了舊上海呼風喚雨、神通廣大的五類人物：綁票真人、鴉片道人、買辦天尊、天王老子、烏龜大聖。不光人分三六九等，狗也高低貴賤懸殊。第 29 期張光宇的漫畫中，街頭流浪狗望著豪車裏的貴族犬想著：「我們怎麼差得這樣遠呢？」

圖 5-3　第 53 期 5 版《上海少數人享受的一隻金飯碗》

圖 5-4　第 85 期 4 版《上海封神榜》

圖 5-5　第 29 期 4 版

　　然而，不管富貴窮通，在消費主義盛行的大都市上海，市民們總是被各種各樣的煩惱所困擾。第 11 期轉載了一幅日本雜誌上的漫畫，描述了都市人一生中逾越不過的四件難事：入學難、就職難、結婚難、生活難。魯少飛為漫畫配文《人生四大難事》稱：「現代都市中，物質文明愈高，一切生活狀態中，遂愈顯出窘迫的真相來。」「我們想到都市的文明，總不過平地添了我們真實的人生上一個惡種子，把我們真正的幸福，掠奪盡了！」雖然充滿艱難困苦，但大都市依舊以其獨有的魅力吸引著人們前赴後繼。第 68 期曹涵美的漫畫《暑天的「怕」》，描繪了上海人的夏日煩惱——出門怕太陽、吃飯怕蒼蠅、乘風涼怕蚊子、日裏怕辦事、屋小怕人多、睡覺怕蚤虱。不同於吹著風扇、吃著冰點的富裕階級，普通市民在烈日炎炎的夏天十分難熬。同樣，坐電車、看電影、逛公園的中產階級也有不少煩惱。第 13 期葉淺予的漫畫《不快之感》，描繪了都市生活中幾個讓人不快的場景——電車裏被外國肥婆擠在中間；戲院裏被前排高個擋住視線；公園裏看到身旁情侶尷尬一幕；被窩裏被孩子夾在中間翻身都難。

圖 5-6　第 11 期 7 版《人生四大難事》

圖 5-7　第 68 期 7 版《暑天的「怕」》

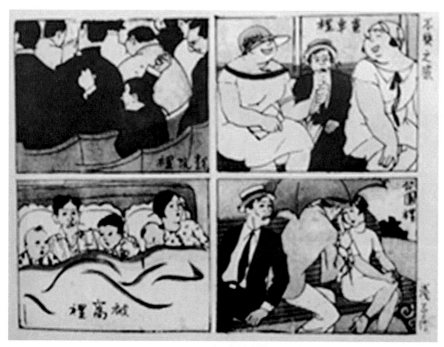

圖 5-8　第 13 期 4 版《不快之感》

　　鱗次櫛比的萬國建築群、車水馬龍的現代街道，嚮往著現代都市、懷揣著發財夢的外鄉人不斷湧入上海。在資本主義化的上海，每個人的命運都有萬千可能，一夜間可以成為巨富，也可能成為癟三。第 64 期中的漫畫《都說發洋財去！》，講述了一個鄉下打工者進城後衣錦榮歸的故事。這位當初在鄉下被人瞧不起的男人一怒之下背井離鄉，到城裏投靠一家財主，打恭作揖總算是謀到一個差使。他克勤克儉日夜工作成績卓著，得到老闆賞識發了洋財，於是換了一身洋裝回到家鄉。鄉親們都羨慕他發達了，也紛紛到城裏發洋財去。1917 年 10 月 20 日，上海第一家國人經營、售賣環球百貨的大型商店——先施公司開業，隨後永安百貨公司、新新百貨公司相繼建立，南京路成為消費天堂，引領著時尚文化和時尚生活。葉淺予的漫畫《鄉下人白相上海》中，一個手持雨傘、背著包裹的鄉下男人走在上海南京路上，不時驚歎於各種新鮮事物。他看見先施公司大樓，望了半天；碰著汽車，嚇出一身大汗；花四角小洋，從吃中飯白相（滬語，玩耍）到半夜，最後還是買張煙篷票回鄉下去了。漫畫通過鄉下人的視角展現了上海大都市的繁華，對比中，衣衫襤褸、土裏土氣的鄉下人與高樓林立的上海街道格格不入，展示出中國城鄉之間的巨大差別。

圖 5-9　第 64 期 4 版　　　　圖 5-10　第 55 期 5 版
《都說發洋財去！》　　　　《鄉下人白相上海》

　　在這個魔幻大都市裏，女性命運也因社會階層的差異而迥乎不同。第 31
期葉淺予的漫畫《太晚的時候──同時是太早的時候》，描繪了不同職業與階
層的四位女性的生活。清早同一時間，舞女剛從工作的地方回來，癱在床上
打著哈欠；在馬路上站了十二個鐘頭仍一無所獲的妓女在家中伸著懶腰；還
在床上酣睡的小姐或姨太太們被弄子裏隆隆的糞車聲驚醒；提著飯盒的女工
走在去工廠的路上，在寒風中瑟瑟發抖。畫面中，繫著橙色圍巾、身著墨綠
旗袍的女工因著色較重加之衝出畫框，在四個人物中顯得尤為突出。在延長
剩餘勞動時間與嚴苛規章制度建構的日常生活工作空間中，女工們起早貪黑，
超負荷勞作。漫畫注文也流露出畫家對底層勞動者的深切同情：「她那麼早的
去工作，或許有點怨恨自己的命運吧？」同樣，第 9 期黃文農的漫畫《早晨
四點鐘的相會》也對女工投以關注，在早晨四點這一時間節點上，剛下班的
跳舞場音樂師與上工路上的絲廠女工不期而遇，他們都是被資本社會碾壓下
的底層勞動者。同期還有張振宇的一幅漫畫，汽車夫對街旁露宿的小癟三說：
「每天到晚侍奉著大少爺，日裏在馬路上跑，夜裏在馬路上宿，我和你是過
著同樣的生活。」

圖 5-11　第 31 期 4 版《太晚的時候——同時是太早的時候》

圖 5-12　第 9 期 8 版《早晨四點鐘的相會》

圖 5-13　第 9 期 8 版

　　19 世紀末 20 世紀初，上海以金融資本集中、工商業發達、人口眾多、消費量巨大的獨特優勢，成為中國書畫藝術品的主要集散地，並產生了書畫經營機構和經紀人。書畫家通過在報紙、刊物上進行廣告宣傳，以此擴大知名度，招徠客戶，接受訂件。民國時期，書畫家的收入有了很大提高，書畫家的知名度與書畫作品的潤格交互影響，水漲船高。為了擴大知名度，書畫家需支付不菲的宣傳活動費用。第 21 期的一幅漫畫諷刺了名利心重的畫家，他先是手持調色盤，欣賞著自己的畫作得意極了；於是發新聞加以宣傳，印專集藉資鼓吹，開個展以廣招徠；最後，畫家坐上高臺，臺下眾人捧著錢對他五體投地，他終於如願以償地成了日進斗金的大畫家。同時，由於不正當貿易，中國大批珍貴書畫文物流失海外。第 55 期張光宇的漫畫《買賣》，反映了當時的中國書畫商人將國寶書畫賣給日本人的情景，雙方皆大歡喜，而中國的古書畫大量流失海外。

圖 5-14　第 21 期 4 版

圖 5-15　第 55 期 4 版《買賣》

　　20 世紀二三十年代的上海，儼然成了外國人的樂土。當時的上海城區主要分三個部分，北部是以英國人和美國人為主的國際租界，市中心是法租界，南面是中國城。日本人也有自己的租界，但實際上他們已佔領了整座城市，其中包括英美管轄的國際租界和法租界。上海的法國人很多，單就人數來說，完全可以稱得上「法國第二大城市」。霞飛路上的俄國人比中國人還要多，那裡的大部分商店都是俄國人的。上海租界內的巡捕名義上行使警察權力維持治安，實際卻濫用權力、以權謀私、擾亂治安。漫畫《上海一巡捕》總結出當時巡捕的「樣子三大」：大洋狗、大肚皮、大司的克（大手杖）。漫畫《馬路拾零》描繪了上海街頭的外國人：右手拿著十字架、左手握著大喇叭的馬路傳道者；暗售淫藥的賣仁丹的日本婦人；兼營賣淫業的外國酒店老闆娘；流落異鄉的俄國貴族。來華經商、傳教的外國人遍布上海街頭，說明了西方列強對中國的侵略與中國主權的喪失。當時，日本商人在華售賣仁丹便是以商業偽裝侵略行為的代表。「日人在中國所經營之商業以仁丹暢銷為最早……此項仁丹廣告不徒為一種商業宣傳品，實含有軍事作用。」〔註6〕街頭隨處可見的仁丹廣告實際上是日軍設置的路標特殊暗記。

〔註6〕《信口開河：揭發仁丹廣告之陰謀》，1930 年第 1 期《青天彙刊》，第 224 頁。

圖 5-16　第 46 期 4 版《上海一巡捕》

圖 5-17　第 64 期 5 版

第二節　吃住行：漫畫中的上海市民生活

　　衣〔註7〕食住行、吃喝玩樂是《上海漫畫》中的強勢圖像。20 世紀二三十年代，上海市民生活的最大特點便是嚴重的階級分層與衣食住行的全面西化。中等階級以上的市民住著洋房、開著汽車、吃著西洋食品、穿著最時興的服裝，過著現代化的生活，更多的底層市民則不得不為生活而奔波，掙扎在生存線上。

一、漫畫中上海人的吃

　　在飲食方面，近代上海也頗負盛名。魯迅在《申報·自由談》《零食》一文中說：「上海的居民，原就喜歡吃零食。假使留心一聽，則屋外叫賣零

〔註 7〕關於「衣」，見本書第七章「時尚云裳：《上海漫畫》之時裝漫畫和時裝畫」。

食者，總是『實繁有徒』。桂花白糖倫教糕，豬油白糖蓮心粥，蝦肉餛飩麵，芝麻香蕉，南洋芒果，西路（暹羅）蜜橘，瓜子大王，還有蜜餞，橄欖，等等。只要胃口好，可以從早晨直吃到半夜，但胃口不好也不妨，因為這又不比肥魚大肉，分量原是很少的。那功效，據說，是在消閒之中，得養生之益，而且味道好。」〔註8〕

　　近代上海作為一個移民社會，各個飲食流派都在此聚合。不過，近代上海在飲食方面最顯著的變化，莫過於西方飲食的介入，葡萄酒、白蘭地、麵包、冰淇淋、檸檬水深受上海人的追捧，麥片、玉米片、魚肝油、麥乳精、煉乳等也廣受歡迎。天廚味精、美味和合粉成為上海人廚房必備的佐料，吃西餐、喝咖啡也成了滬上人士飲食休閒的家常便飯。

　　《上海漫畫》中最常見的摩登食品是冰淇凌和汽水。這在該報刊登的冠生園食品廣告中可見一斑：奶粉豬油包每盆一角、廣州星期點心每碟五分、各種包子每盆五分、雪藏汽水每客一角半、冰淇凌每客一角半。第62期的一幅漫畫，一位吹著風扇、席地納涼的女人，身旁就擺著冰淇凌和汽水，好不愜意。漫畫《夏天的開心朋友》是一幅人體腸胃的剖面圖，汽水、布丁等西洋食品成了上海人開胃消夏的主食。在《上海漫畫》刊登的食品廣告中，有第一家發明砂鍋餛飩的大中樓餐廳、廣東菜館大羅天食品公司、西餐廳月宮飯店、兒童奶粉品牌愛蘭百利，西餐、中餐、各地方菜系，茶點、冷品、飲品，繽紛多彩，可見當時市民飲食選擇的豐富性和多樣性。

圖 5-18　第 64 期 4 版

〔註8〕魯迅：《零食》，1934 年 6 月 16 日《申報・自由談》。

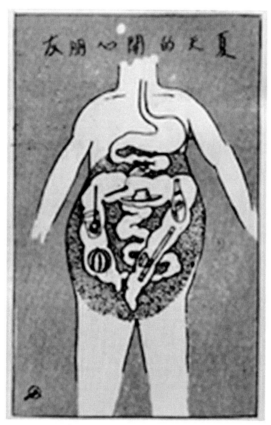

圖 5-19　第 67 期 5 版《夏天的開心朋友》

二、漫畫中上海人的住

　　20 世紀二三十年代的上海，不同階層市民的居住條件和生活環境相差甚遠，有住在公館的少爺奶奶，租單間或與人合租的中等階級，也有擠在貧民窟木板房裏的底層勞工。就數量而言，更多上海市民的起居還是離不開弄堂裏的出租房，但想要租到一處合適的房子卻非常不容易。漫畫《單身青年的租屋難》中，尋找出租房的男子四處碰壁。找房難隨之滋生了一種額外的租房費用——「挖費」，即為了搬入合適的房子，多出費用請住戶搬走。上海人口集聚，有限的房屋成了稀缺資源，租房價格也水漲船高。1928 年，上海一室之費多至百元〔註9〕。昂貴的租房費用也催生了二房東與群租房。漫畫《孤單生活的安眠問題》，小小的房間裏擺著十張各式各樣的床鋪，蝸居在一處的單身男人們在嘈雜擁擠的環境中難以安眠。

〔註 9〕乃振：《上海租房子訣門》，1928 年第 1 卷第 49 期《常識》，第 1 頁。

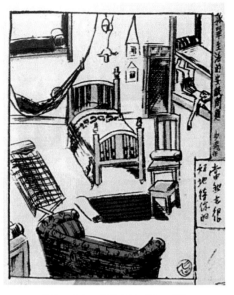

圖 5-20　第 75 期 5 版　　　　　圖 5-21　第 110 期 4 版
《單身青年的租屋難》　　　　　　《孤單生活的安眠問題》

三、漫畫中上海人的行

　　作為引領全國的現代化大都市，上海的交通十分便利發達。「講到代步的東西，計有小車、人力車、私人汽車、包車、馬車、野雞包車、出租車、公共汽車、電車、無軌電車，隨心所欲，喜歡坐什麼車子便有什麼供給你用，真舒服極了。」[註10] 葉淺予繪製的六格漫畫《車與人》，配以詳細注文，呈現了當時一個男人從小到大所乘車輛的變化，展現了當時人們出行的便利。第一格漫畫畫了一個坐在嬰兒車中的男孩，「母親把他在馬路上或是花園裏推來推去，他第一次知道『車』的趣味」；第二格漫畫是一個騎著兒童三輪腳踏車的男孩，「等到自己會行動的時候，父親買了一輛三輪腳踏車給他，從此他學會了駕駛的技術」；第三格漫畫變成了騎自行車的男人，「若使家庭離學校太遠，這時候他應該有了一輛腳踏車來代步」；第四格漫畫為一個坐在黃包車中的男士，黃包車夫奮力地向前拉著，「初進社會，要是運道好一點，他就得買一輛包車，雇一名車夫」；第五格漫畫則是一個騎著摩托車的男人，「他也許以為坐包車太不講人道，便弄一輛機器腳踏車來跑跑」；第六格漫畫畫了一輛汽車，「到了這個時候，他覺到他這一生的希望總算還不至成為泡影。」

〔註10〕不才：《上海的交通事業》，1928 年第 37 期《上海常識》第 2 版。

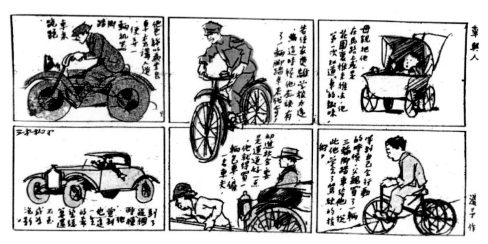

圖 5-22　第 60 期 5 版《車與人》

　　汽車成為富裕階級的生活必需品，第 108 期的漫畫便描繪了這一現象。
兩個留著齊耳短髮、穿著洋裙的女子坐在沙發上聊天，一個問：「你覺到一部
汽車是需要的條件嗎？」一個答：「平時倒不覺得，昨天在電車裏給一個把我
的新鞋子踏得將破，我這想有汽車是多舒服的。」擁擠的電車使人們渴望擁
有一輛私人座駕，於是便刺激了上海汽車保有量的飆升，但頻發的交通事故
也接踵而來。第 75 期的漫畫中，一個巡捕正在詢問被汽車撞倒的一臉懵懂的
行人：「你看清車子號碼嗎？」漫畫《沒有見證！》中，空無一人的街道上一
位身穿長衫的行人倒斃在血泊中，遠處一輛敞篷汽車揚長而去。

圖 5-23　第 108 期 5 版

圖 5-24 第 72 期 5 版

圖 5-25 第 108 期 5 版《沒有見證！》

完善的公共交通設施是城市繁榮的重要保障。上海的公共交通是從租界開始的。租界當局大規模興辦公共交通業，主要是出於繁榮租界經濟的需要，同時也客觀上對上海市政建設產生了積極影響，加速了上海的近代化進程。1908 年 3 月 5 日，上海第一條有軌電車線路正式開通，標誌著上海步入了公共交通時代。第 102 期封面畫《欲的一剎那——電車裏》（鄭光漢作），時髦的男女乘客在電車裏或坐或站，一位男士向雙腿叉開的女士投去猥褻的一瞥。上海的電車道路很多，初來滬者頗不明了。居民日常出行不可不依靠電車代步，但車小人多，許多乘客只得站立在人群之中。顯然，《上海漫畫》的編者將電車當成了上海市民生活與城市現代化的重要符號。

圖 5-26　第 102 期封面《欲的一刹那——電車裏》

　　上海租界中的電車分為頭等與三等兩級（二等無），華商電車分為頭等與
二等兩級。張光宇的漫畫《肉感豐富》描繪了三等車廂中的場景，中國人、外
國人統統擠在一起，人擠人、背貼背的車廂中有人在看報，有人吸著煙。兩個
等級的車廂把人分為了兩等。「上海人坐電車明知頭等人多沒座位，三等人少
有座位，他情願不要座位，多花幾個銅子擠在頭等車裏站著不怕腿酸。」〔註11〕
若是三等車廂的乘客不小心走進頭等車廂還真是一樁新鮮事。第 41 期中魯少
飛的漫畫《頭等車中坐上一個非平的客人》，一個穿著補丁衣服、拿著雨傘的鄉
下男子坐在了頭等車廂裏，左右兩邊的乘客紛紛側身挪開，彷彿怕沾染上他身
上的窮酸氣。漫畫《電車賣票稱呼中之社會階級》，顯示了稱呼語與人們所處社
會地位之間的密切關係：坐在頭等車廂裏售票員會尊你一聲「先生！」坐在三
等車廂裏售票員會叫你一聲「朋友！」坐在拖車裏售票員會叫你一聲「爺！」

〔註11〕芙孫：《上海人坐電車》，1922 年第 4 期《快活》，第 6 頁。

圖 5-27　第 23 期 4 版《肉感豐富》

圖 5-28　第 41 期 4 版《頭等車中坐上一個非平的客人》

圖 5-29　第 88 期 4 版《電車賣票稱呼中之社會階級》

第三節　文明與墮落：漫畫中上海市民的休閒生活

　　20 世紀二三十年代的上海，已經由一個濱海小縣城魔幻般地發展成為中國最大的港口和通商口岸，成為與英國倫敦、法國巴黎、美國紐約和德國柏林並駕齊驅的國際性大都會。民國時期上海的租界文化，使得西方物質文明和精神文明滲透到了中國社會的方方面面。銀行、辦公大樓、教堂、俱樂部、電影院、豪華公寓、舞廳、咖啡廳、跑馬場、露天游泳池等象徵著現代都市文明的物質一應俱全，火輪車（火車）、東洋車、腳踏車（自行車）、電氣燈、自來火（電燈）、德律風（電話）進入人們的生活。這一時期的上海市民休閒生活異常豐富，洋派的可以看電影、逛公園、逛遊樂場、跳舞、喝咖啡、參加體育運動，土派的可以跑馬路、逛廟會、賞戲觀劇、聽書喝茶等等。總的來看，上海市民的休閒生活大體上可分為城市公共空間和城市私人空間兩部分。

一、城市公共空間的休閒活動

　　20 世紀二三十年代，上海文化發展凸顯三個主要特點：商業化、多元化、大眾化。受商業環境薰陶的上海人，對於含蓄高雅的傳統文化興趣逐漸減低，

而喜歡閑暇生活的娛樂文化。這時期上海市民的休閒生活異常豐富。沒有經濟負擔的學生在假期有大把的時光可供虛擲，通過其休閒生活可以窺見當時上海市民的主要娛樂方式。漫畫《上海大學生的寒假生活》中，一位中午12點還賴在被窩裏的男生從下午才開始自己的休閒生活：寫情書、打彈子、打野球、看電影；馬路上踱步，公園裏走走；舞場上消磨夜晚時光。休閒更是上班族生活的主旋律。漫畫《四點半鐘時的辦公室裏》，快要下班的男士們紛紛拿起鏡子梳妝打扮，準備迎接即將到來的夜生活。

圖 5-30　第 44 期 5 版《上海大學生的寒假生活》

圖 5-31　第 10 期 4 版《四點半鐘時的辦公室裏》

　　從《上海漫畫》所登休閒活動漫畫的占比可以看出，上海市民最為普遍的休閒活動是以看電影為代表的觀賞類休閒和以逛公園為代表的運動類休閒。

　　1895 年法國人盧米埃爾發明電影，旋即在一年後，上海就出現影院開始放映「西洋影戲」，其追趕流行和時尚的節拍從來不會落後。1908 年上海虹口活動影戲園（虹口電影院）開業。據 1927 年美國商業部的一個報告稱：「中國目前有 106 家電影院，共 68000 個座位。它們分布於十八個大城市」，這些大城市主要是通商口岸，而在其中的 106 家影院中，上海佔了 26 家。〔註 12〕該報告還提到「歐美的所有大製片公司都在上海有代理和發行人」。作為中國電影工業最發達的城市，上海擁有最先進的設備和片源，每年大約要播放 400 部西方電影，看電影自然成為上海市民主要的休閒方式。

　　當時上海的電影可分為兩類，舶來片與國產片。舶來片中美國電影最多，歐洲電影次之，此類影片「字幕純是西文，雖有中文說明，究嫌簡略」，幾成為中產階級專有的娛樂活動，而國產片因良莠不齊，加之過度宣傳，「未得智識階級界之同情」，觀看者多半是婦孺之輩，放映數量與場次都遠低於

〔註 12〕e.J.諾斯（e.J.North）:《中國的電影市場》（The Chinese Motion picture Market），見美國商業部內外務商業辦公廳:《貿易信息公報》467 期，1927 年版，第 13、14 頁。

舶來片。〔註13〕正因如此，《上海漫畫》中的電影觀眾多是穿著西裝、拄著文明棍的男士。第 57 期的一幅漫畫反映了當時電影院爆滿的盛況，在華氏 100 度（攝氏 37.8 度）的高溫中，一位西裝革履、戴著圓頂硬禮帽的男士健步如飛，希望能趕上三點鐘上映的日戲。到達戲院後，發現門口掛著「上下客滿」的招牌，只得等待下一場的開演，不由得心生感慨：「影戲院裏的熱度比外面高上五十度。昨夜我受了風寒，想借看戲的辰光，使得發出一身大汗。現在要等到五點鐘，好不心焦！」

圖 5-32　第 57 期 5 版

〔註13〕秀香：《上海電影事業之現狀》，1927 年第 1 卷第 5 期《中國電影雜誌》，第 8 頁。

　　20世紀二三十年代，上海工部局公共浴池與露天游泳池對外開放，穿中式服裝者需到工商部衛生處領取入池證方能買票，而穿西裝者則可免除手續，「每人付小洋兩角即可以推門跑進裏頭」〔註14〕。第69期的一幅漫畫表現了當時女性游泳引發的關注熱度，畫面中心，一名穿著泳裝的女子縱身躍入泳池，剎那間，男男女女、老老少少驚詫、困惑、猥褻、憤怒的目光將她團團包圍，注文評曰：「一個人的事情，許許多多的人引起糾紛。」同樣，第68期的一幅漫畫展現了當時社會對於女性游泳者的不同看法——老頭子氣得七竅內生煙；丈夫說：「叫，我哪裏管得了她。」老太太說：「人要造反了？」藝術家說：「很好的曲線美！」文學家說：「這是最近的材料！」道學家說：「大概氣數到了！」年輕人說：「這倒是新鮮事件。」女娘們說：「膽子大哩，不怕難為情？」

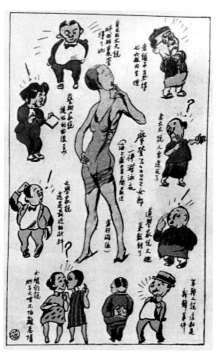

圖5-33　第69期4版　　　　　　圖5-34　第68期4版

　　當時的上海，藝術展、攝影展、書畫展，各種類型的展會信息頻頻見諸報端，其中數量最多的當屬畫展。與看電影不同，看畫展對觀眾的審美能力與知識素養有著更高的要求。第58期曹涵美漫畫中，一大堆觀眾齊齊地伸直

────────────

〔註14〕沙鷗：《到露天游泳池去（上）》，1928年第31期《上海常識》第1版。

了脖子爭睹掛在牆上的人體畫,頗具反諷的意味是,一隻寵物狗卻竄到最前面對著畫中的裸女狂吠。注文稱:「觀眾擁極了!不過其中有幾個真亮子(滬語,明眼人)」。高觀賞門坎並沒有成為上海市民欣賞藝術的障礙,出於對摩登的追求與新事物的好奇,上海各大展會常常人潮湧動。漫畫描繪出當時上海畫展上擁擠的人潮,也諷刺了無法真正欣賞藝術的獵奇市民。

圖 5-35　第 58 期第 8 版《展覽會》

1928 年《公園開放案》通過後,同年 7 月 1 日,長期禁止華人入內的租界公園終於允許中國人花費銅元十枚購票入內,「華人與狗不得入內」的時代宣告結束。公園開放後,遊客增多,座椅、衛生間等公共設施急需添置〔註15〕,市民愛護園內設施等公益意識也亟待提高。漫畫《瞎眼朋友不要白相公園》諷刺了那些不講公德的遊客,畫中一男子一屁股坐在寫著「草地上不可行走」的標誌牌上,悠閒地抽著煙。公園開放一年後,已成為年輕男女相親、戀愛

〔註15〕胡伯翔:《上海租界內各公園之開放後》,第 11 期《上海漫畫》第 6 版,1928 年 6 月 30 日。

的浪漫場所。漫畫《公園中之人物》中，右邊一位男士介紹一對男女相識，左邊一個男子擁著兩個女子揚長而去。公園成了牽線搭橋甚至拉皮條的場所。

圖 5-36　第 11 期 4 版《瞎眼朋友不要白相公園》

圖 5-37　第 71 期 5 版《公園中之人物》

20 世紀初，上海第一家遊樂場樓外樓開業。隨後，新世界、大世界、神仙世界、小世界、大千世界等遊樂場也相繼問世。隨著遊樂場的增加，激烈的競爭也使門票價格被壓低，到三十年代，遊樂場已成為普通市民的休閒場所。漫畫《新世界裏的逍遙椅》中，一對情侶愜意地依偎在摩天輪的轉椅中，下面一堆遊人在排隊等候。

圖 5-38　第 74 期 4 版《新世界裏的逍遙椅》

遛狗在 20 世紀二三十年代的上海是頗為常見的街頭一景，富裕階級中有錢有閒的闊太太很是樂此不疲，在《上海漫畫》刊登的家庭攝影照片中常可以看到寵物狗的身影。黃文農的漫畫《意想不到之效力》用簡潔的線條勾勒了當時飼養寵物狗的風潮，一位蹬著高跟鞋、穿著橙色大衣的時髦女郎在大街上遛狗，不遠處還有一人一狗的背影。注文說：「我們吃飽了飯沒事做，在馬路上踱來踱去，看到了一件司空見慣的事，可是這件事正合吃飽了飯沒事做的意義，不管三七二十一拉來算做自己的事，偏要費我們的腦筋思量一下，就會有意想不到的效力，使我們的身心感受到無窮的趣味，這趣味到底不關我們的事，豈非依然故我的吃飽了飯沒事做呢？」豢養寵物狗作為貴族享樂的方式，在當時並未被全社會普遍接受，《上海漫畫》中的遛狗者常常是被諷刺的對象。第 94 期張振宇的漫畫中，一位穿著裘皮大衣的年輕女子牽著一條斑點狗在街上遛，她的腿上也拴著一條狗鏈，牽在她身後穿著老式背心旗袍、紮著髮髻的老婦人手裏，注文如是說：「母愛其女和女愛其犬是同樣的愛法！」

圖 5-39　第 4 期 4 版

圖 5-40　第 94 期 4 版

二、城市私人空間的休閒活動

　　除公共空間外，上海市民私人空間中的休閒活動也豐富多彩。打麻將是上海家庭中最為常見的娛樂活動。上世紀三十年代的上海電影明星陳愛愛在接受採訪時談到自己的三個愛好：狗、麻將、銀幕工作，「除了工作外，總是集了她的女朋友，打起麻將」。〔註16〕第 1 期的一幅漫畫就描繪了當時上海市民呼朋引伴打麻將的情景。樓下嫂嫂找到樓上嫂嫂，二人又找來亭子間嫂嫂，最後「三缺一」，來了一個隔壁嫂嫂，終於湊成一桌。《上海漫畫》中，女性多是麻將桌上的主角，一些上海女性大部分休閒時間被打麻將佔據。漫畫《上海婦人所識的文字》誇張地表現了麻將在上海女性生活中佔據的重要地位，畫中婦人神情專注地低頭看著麻將牌，牌面上的文字是——東、西、南、北、中、發。

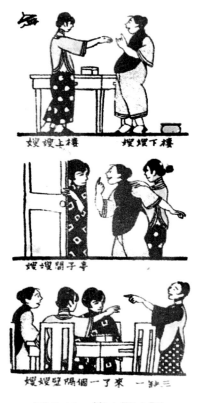

圖 5-41　第 1 期 4 版

圖 5-42　第 13 期 4 版

〔註16〕《陳燕燕三愛：狗、麻將、銀幕工作》，1939 年第 50 期《電影（上海 1938）》第 5 版。

　　對於女性來說，私人空間中最普遍的休閒活動是打麻將，對男性而言，則是吸煙。天橋牌香煙、大前門香煙、絞盤牌香煙、白金龍香煙、聯歡牌香煙、別墅牌香煙……，《上海漫畫》中，各種品牌的香煙廣告讓人目不暇接，可見當時煙草業的鼎盛。為促進銷量，大家挖空心思製作廣告詞，別墅牌香煙自稱「處香煙界最高地位」，白金龍香煙以「質量超群」相標榜；也有描述吸煙帶來的快感的，如大前門香煙：「請吸一枝大前門，便可解顏消愁悶」，歡迎牌香煙：「能與吸者以無限之快感」。此外，「家庭娛樂」「以聽高亭唱片為最高雅」「惟聽高亭唱片才足以過癮」，《上海漫畫》中每期可見的高亭唱片廣告也傳遞出音樂給上海市民生活帶來的歡樂和享受。

圖 5-43　第 81 期 4 版天橋牌香煙　　圖 5-44　第 75 期 5 版大前門香煙

三、黃賭毒：屢禁不止的社會痼疾

　　20 世紀二三十年代的中國，妓院仍是合法的經營性服務場所。妓女、老鴇作為配角常會出現在《上海漫畫》中，並成為漫畫的諷刺對象。漫畫《紅記者與紅倌人》，左右相對的兩組畫面上，妓女與記者做著幾近相同的工作，藉此諷刺那些不遵守職業道德、為利益所驅使的新聞人，同時也從側面說明了當時嫖娼活動的普遍存在。

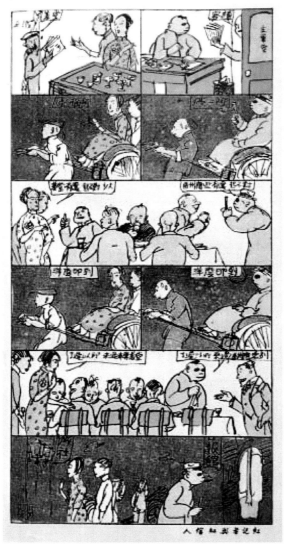

圖 5-45　第 10 期 4 版《紅記者與紅倌人》

　　上海人除了看戲跑馬外，還有一種新鮮玩意兒，那就是跳舞。〔註17〕1928
年上海誕生了第一家獨立經營的黑貓舞廳，它位於巴黎飯店內，屋頂張以錦幔，
四壁飾以花紙，地板光可鑒人，極其富麗堂皇。此後，北四川路上的月宮舞廳、
老大華舞廳，愛多亞路上的安樂宮舞廳，斜橋路上的聖愛娜舞廳，朱葆三路上
的外國水手舞廳相繼開張。伴舞女郎——一毛錢到一美元，俄國的，中國的，
日本的，朝鮮的，歐亞混血兒，幾乎無所不有。上海迎來了舞廳業的繁榮期，

────────────

〔註17〕蔣平：《舞場閒話》，1928 年第 34 期《國聞畫報》第 2 版。

舞女與舞客便時常出現在《上海漫畫》上。在第 13 期封面畫《上海之夜》（懷
素作）和第 57 期封面畫《狂舞》（張振宇作）中，一身西裝革履的男士與穿著
洋裙、長筒襪、高跟鞋的伴舞女郎搖曳在一起。搖晃的酒瓶和酒杯、散落一地
的撲克牌，成為上海斑斕都市的微縮景觀，營造出強烈的摩登氛圍。

圖 5-46　第 13 期封面《上海之夜》　　圖 5-47　第 57 期封面《狂舞》

　　上海的舞廳一般都有職業舞女伴舞，若舞女與舞客的關係相當固定，就
稱他們為「龍頭配拖車」，「龍頭」指舞女，「拖車」則是舞客。在舞場上，「拖
車」總是離不開「龍頭」，「龍頭」也總是纏著「拖車」，彼此形影不離。「龍
頭」除了與「拖車」共舞外，還經常代「拖車」應酬，這些「龍頭」的大量開
支，自然要由「拖車」來買單。第 9 期中，黃文農的漫畫便描繪了舞女與舞
客的不同心理。畫中，站在桌子上的男女二人向兩邊用力掰扯著巨大時鐘的
分針，舞客想要時間過得慢一些，舞女則希望時間過得快一些。同期張光宇
所繪的《最規矩的跳舞》中，舞女與舞客雖然相距甚遠，卻傾身相擁，熱吻在
了一起。畫中將不規矩的跳舞說成最規矩的跳舞，諷刺舞場的變味及其幕後
的交易。

圖 5-48　第 9 期 4 版

圖 5-49　第 9 期 4 版《最規矩的跳舞》

　　舞場本是社交休閒場所，但為了吸引顧客、拼命獲利，廣告中常以美貌舞女為招攬，甚至將其宣傳為獵豔場所，舞場的功能也隨之轉換。張振宇的漫畫《現代的將來》則將舞場暗指為妓院，畫中一家旅館門口的廣告牌上寫著：「樓上附設跳舞場，每客門票小洋兩角。」旅館門口的暗影裏，一位穿著長衫的男子正搖著鈴鐺招攬客人，他身後鋪好的被褥正虛位以待。不僅舞場，電影院也變了味道。第 46 期中的一幅漫畫，貼著情色廣告的電影院門口，擺放著「肉感巨片」「上下客滿」的牌子。

圖 5-50　第 4 期 4 版《現代的將來》

圖 5-51　第 46 期 5 版

　　在消費主義盛行的上海，做著發財夢的上海市民瘋狂投身於各種帶有賭博性質的休閒活動。曹涵美的漫畫《賭博的初步》中，一個老頭兒和一個小男孩在玩著輪盤，但兩人的關注點各不相同：「老伯伯想小弟弟的錢，小弟弟想老伯伯的糖。」相較於直接在賭場賭博，更多的市民則青睞於從西方傳來的帶有觀賞性的賽馬與跑狗。第 31 期的一幅漫畫中，一位坐在辦公桌前的男子正凝神冥想著自己騎在一匹賽馬上，他悔恨自己不該在中國商行做事，因為若是做了洋行小鬼，為了跑馬會有例外的假日。漫畫《電兔與狗》中，賽狗場上的四號賽犬被畫成了人首兔身模樣，後面的投注者則像一條獵狗一樣向其撲去，諷刺賽狗場上夢想一夜暴富的賭客們。

圖 5-52　第 51 期 5 版

圖5-53　第31期5版　　　　　　圖5-54　第18期4版

　　雖然民國政府已禁煙多年，城市中也出現了戒煙機構，但吸食大煙仍是當時一些市民的休閒活動之一。大煙槍作為漫畫人物的手中配件常出現在《上海漫畫》上，這些人物多為頭戴瓜皮帽、身穿長袍馬褂的底層市民。黃文農的漫畫《上海的原動力》中，寫著「鴉片」的發動機通過皮帶飛速帶動著象徵上海城市發展的輪子，揭示出禁煙之所以屢禁不止是因為鴉片貿易所帶來的巨額利潤。第34期的一幅漫畫中，一個白胖的光屁股男嬰不屑地指著地上的大煙槍說：「我從娘胎裏已認得這東西了。」在當時的上海，因父母吸食大煙導致子女效尤者不在少數。第75期的一幅漫畫中，抽大煙的父親對手持煙槍的兒子說：「咦！你怎麼也學起抽大煙來了？」兒子理直氣壯地答道：「我假使連這個也學不會，豈不要塌你老人家的臺？出了一個不肖了！」漫畫中，簡陋的房屋陳設，形容枯槁的父子，不難看出毒品對市民的身心和生計造成的雙重危害。

 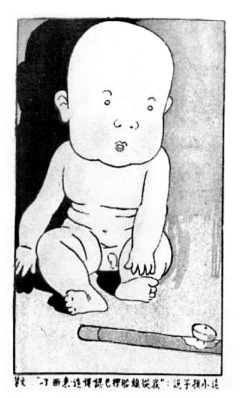

圖 5-55　第 33 期 5 版　　　　　圖 5-56　第 34 期 5 版
《上海的原動力》

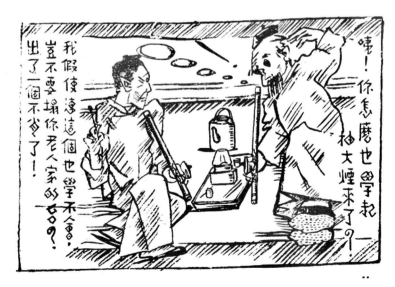

圖 5-57　第 75 期 7 版

第六章　都市世相：長篇連環漫畫《王先生》

　　20 世紀二十年代後期，上海灘出現了一部風靡一時的長篇連環漫畫《王先生》，被譽為「30 年代上海的世相圖」，它的作者就是著名漫畫家葉淺予，最早就刊登在《上海漫畫》上。

　　1928 年以前，中國尚無真正意義上的連環漫畫。中國的連環漫畫始於上海漫畫會骨幹成員魯少飛和葉淺予。魯少飛的《改造博士》《陶哥兒》和葉淺予的《王先生》被認為是中國連環漫畫的奠基之作。

　　所謂連環漫畫，其表現形式是以 2 格或 2 格以上為一組（一般多為 4 格、6 格或以上），依照順序的每格漫畫之間在內容上是前後銜接的，在故事情節上是相互依附的，整個作品體現為一個共同的主題或故事。在 110 期《上海漫畫》中，《王先生》共刊發了 100 組〔註1〕，起初見於第五版，從第 15 期起刊登在第八版。每組漫畫 6 至 8 格，組成為一個章節的故事，故事間既有連續性，又可獨立成篇。葉淺予不受當時流行的線面結合表現方式的影響，選擇以線造型為主，略作渲染，簡練明快，形成了獨具特色的藝術風格。漫畫中的人物造型對比鮮明，極具喜劇效果：主角王先生麻稈身材、光頭、尖鼻子，留著八字鬍鬚；他有個矮胖王太太，頭髮中分盤著低髮髻，時常穿著暗色服裝；剛畢業的女兒阿媛留著進步學生頭，喜歡購物的她總是穿著時興的

〔註1〕其中，第 26 期為國慶紀念刊，第 58 期、第 102 期、第 109 期均無《王先生》連載；第 81 至第 86 期，因葉淺予有事無法繪製，黃文農的《一次終結滑稽畫》便以替補身份登場。

連衣裙；王先生的朋友小陳是個富家子弟，矮胖身材、大鼻頭、厚嘴唇，戴著圓圓的近視眼鏡，總是西裝革履、文明棍不離手；小陳的老婆陳太太是個兇神惡煞的小市民，留著短髮與一撮式劉海。這五個角色各具性格，關係微妙。《王先生》每期都有一個不同主題，主要反映老上海的世俗風貌和城市小市民的生活，諸如夫妻鬥法、爭風吃醋、吃喝玩樂、兒女私情等家庭瑣事；也有的批評不良的思想作風，諸如好吃懶做、占人便宜、自私自利、損人利己等，個別的也揭示了比較深刻的社會問題。社會性與藝術性的有機結合，使《王先生》中的人物構成了一種「有意味的形式」，形成了符號化的漫畫形象。對於 20 世紀二三十年代的上海市民來說，這些漫畫人物的喜怒哀樂與他們「心有戚戚焉」。

　　葉淺予繪製的《王先生》，其創意靈感源自上海英文日報《大陸報》（China Daily）中刊登的美國連環漫畫《Bringing up Father》〔註2〕，且有出藍之勢，設計出比怕老婆的矮胖老頭性格更為複雜，具有上海本土特色的王先生形象——其身份隨著故事情節而變化，有時是受人欺凌的小人物，有時又是欺凌他人的無賴漢，既讓人同情，也令人生厭，堪稱現實生活中具有普遍意義的典型人物。至於王先生這個漫畫形象在現實生活中的出處，據邵洵美〔註3〕的夫人盛懷玉稱，其實是邵洵美的父親邵月如。邵月如「年未過六十，是個瘦高身材、長長的臉，其下巴頦特別翹」，活脫脫就是一個王先生，「邵月如隨『王先生』流存於世」〔註4〕。

第一節　20 世紀二三十年上海社會變遷的圖像記錄

　　20 世紀二三十年代的上海處於由傳統城市向現代化都市轉換的過程中，舊的社會痼疾尚未根治，西方的糟粕又隨著物質文明傳播進來，傳統的市民文化與現代都市商業文化不斷發生衝撞與融合，共同構成了上海的社會風尚。葉淺予為身處中產階級的王、陳兩家設計了一個五光十色、光怪陸離的生活

〔註2〕葉淺予：《細敘滄桑記流年》，中國社會科學出版社，2006 年版，第 62 頁。

〔註3〕《上海漫畫》時期的葉淺予，和邵洵美過從甚密。在邵洵美夫人盛懷玉的回憶錄裏，至少 4 處提到葉淺予，他們不僅合作出版雜誌，邵洵美還經常在他位於靜安路的邵府招待葉淺予等漫畫家朋友。在邵夫人眼中，葉淺予是「洵美的好友」。

〔註4〕盛懷玉：《邵月如與「王先生」》，見《盛氏家族·邵洵美與我》，人民文學出版社，2004 年版，第 226 頁。

舞臺，記錄下 20 世紀二三十年代上海社會風俗習慣與民眾觀念的變遷。正如黃茅所評價的，「《王先生》描寫典型的小市民生活百態而加以尖銳的嘲諷，作者創造王先生、小陳等幾個角式的典型，也就是代表當時社會上若干種人物的個體，從每一角式的行動、生活環境、習慣上看見社會的群體。」〔註5〕

一、衝突中的節日風俗與西洋化的婚姻習俗

《王先生》以王先生和小陳兩個小人物為突破點再現那個時代的生活場景，其漫畫涉及的社會話題十分廣泛，從家庭瑣事到社會熱點事件均有反映，描繪了一幅上世紀二三十年代上海市民的日常生活風俗畫。

民國時期，風習與觀念在新與舊、中與西的矛盾中發生巨變。就節日風俗而言，儘管廢除農曆的禁令已執行多年，但多數民眾依舊使用農曆，愛過春節。但在禁令與西洋節日的衝擊下，傳統佳節的節日氣氛也被沖淡不少。在婚戀自由與男女平權思想的影響下，婚姻習俗也發生改變，結婚與離婚更加自主，婚禮儀式也呈現西化與簡化。此外，在新文化運動的影響下，民眾的思想觀念也更加開放和融通。

中華民國成立之後革故鼎新，1912 年 1 月 2 日，孫中山發布的第一道政令《改用陽曆令》便廢除了沿用 4000 餘年的農曆，但是對於農曆春節並沒有做出強制性的約束，而是「新舊兩曆並存」。1928 年 12 月 29 日，東北易幟，中國實現了名義上的統一。民國政府重新頒布命令，宣布自 1929 年 1 月 1 日起，全國使用公曆，同時廢除舊曆和禁過舊年。〔註6〕雖然禁令堪稱雷厲風行，但民間習俗早已深入人心，農曆與春節始終是禁而不止。1930 年 1 月 2 日國民黨的《上海黨聲》元旦特刊發表《推行國曆廢除舊曆的工作》，公開承認公曆推行艱難，「習俗相沿，積重難返」〔註7〕。第 38 期刊登的《王先生》漫畫，便描繪了在元旦與春節的衝突中，民眾依舊堅守傳統、禁令淪為一紙空文的事實。故事發生在 1928 年 12 月 31 日，王先生對王太太說：「現在奉行國曆，我們今天預備過年吧！」王太太答道：「你奉行國曆，我卻仍要陰曆過年，你看怎樣？」於是夫妻二人分桌吃晚飯，一個吃年夜飯，一個吃便夜飯（方便的普通晚飯）。

〔註5〕黃茅：《漫畫藝術講話》，商務印書館發行，1943 年版，第 28 頁。

〔註6〕直至 1934 年初，強制廢除農曆與春節的政令才被停止，前後共執行了 5 年之久。

〔註7〕潘公展：《推行國曆廢除舊曆的工作》，1930 年《上海黨聲》元旦特刊，第 1 頁。

晚上，本來堅持要守歲的王先生再也撐不住了，便叫上女兒阿媛與朋友小陳去
舞場跳舞。

圖 6-1　第 38 期 8 版《王先生》

　　民國政府禁止農曆的同時，還廢除了二十四節氣之一的冬至。在政府嚴
格管控的上海，不同於中國冬至的冷清，外國冬至——聖誕節卻熱鬧非常，
街頭的櫥窗裏擺放著聖誕老人，報紙刊登聖誕專號，民眾們互贈聖誕禮物。
西方化的裝飾是當時店鋪招攬顧客的重要手段。第 37 期刊登的《王先生》，
講述了王先生開了一家「家庭食品公司」，不到五天便盈利五萬。公司大門兩
側的玻璃櫥窗上貼著「全體女子招待」，櫥窗內擺著聖誕老人、聖誕樹以及盛
滿西式糕點的玻璃高腳杯，西式裝扮的女服務員阿媛吸引了眾多顧客，帶來
了可觀的營業收入。第 87 期刊登的《王先生》，講述了小陳買下標價 50 美元
的聖誕老人人偶，作為外國冬至禮物送給愛慕已久的王先生女兒阿媛。售賣
人偶的商店玻璃櫥窗上貼著紅色英文單詞「Xmas SALE」，完全是一幅外國街
頭的景象。在同期第四版還刊登了這樣一幅漫畫，畫中背著禮物的聖誕老人

給眾人發放手槍，注文說：「今年聖誕老人和舊年一樣，送了許多禮品來，流彈四飛！殺人無數！」

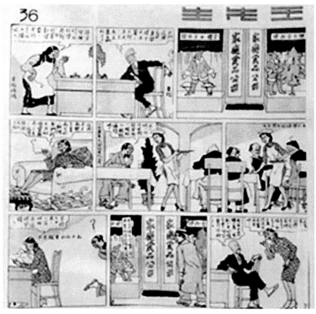

圖 6-2　第 37 期 8 版《王先生》

圖 6-3　第 87 期 8 版《王先生》

　　1919 年，《京兆通俗週刊》稱：「近年，我國通都大邑盛行新式結婚儀式。」
〔註 8〕隨著西方文化的傳播，西式婚禮也成為新的結婚時尚。這在《王先生》
漫畫中得到了充分展現。第 24 期刊登的《王先生》中，王先生第一次受邀做證
婚人，朋友小陳做男儐相，陳太太做女儐相。當身穿長袍馬褂的司儀宣布「證
婚人入席，男儐相引新郎入席，女儐相引新娘入席」時，身穿黑色西服的王先
生走在最前方，新郎與小陳隨後；捧著捧花、穿著白色婚紗的新娘在陳太太的
陪伴下入場，新娘身後是提著新娘拖地頭紗的花童女孩。婚禮儀式完全按照西
方婚俗禮儀。第 108 期刊登的《王先生》中，阿媛受邀做王先生朋友的女兒姚
小姐婚禮的女儐相，定做儐相禮服花費一百二十元五角。此外，新式請帖、禮
服、禮堂、音樂、司儀人、糾儀人、儐相、嬪相等等，西式婚禮花費高昂。與
奢華的西式婚禮不同，當時社會上還流行一種簡約的新式婚禮。「新郎一人從
容出，而無伴新者，呼新娘就位亦如之，是伴新之男女四位可省也……平常服
飾亦可通用，是緋色禮服之白紗罩頭可省之。」〔註 9〕花費較少、流程簡單的
新式婚禮更多出現在都市知識分子階層中，隨後在普通市民中也流行開來。

圖 6-4　第 24 期 8 版《王先生》

〔註 8〕　鏡：《應用文棗摘要：新式婚禮略說》，1919 年第 12 期《京兆通俗週刊》，第
　　　　33 頁。
〔註 9〕　炯炯：《新式婚禮記》，1926 年第 95 期《上海畫報》第 1 版。

圖 6-5　第 108 期 8 版《王先生》

二、從衛生觀的提升到社會觀念的開放

　　1928 年，上海爆發腦膜炎疫情。此疫始於 1927 年 12 月，次年 1 月已遍及全市，因醫療人員與財政資金匱乏，患者眾多，據上海醫師推測死亡人數在 500 人以上〔註 10〕。上海市衛生局發給市民的傳單中稱，該病「能夠從一個生病的人傳染到別人」「最快的從發病時候算起來不到一天」，提醒市民：「所預防時應自備白紗口罩蒙蓋口鼻，防其傳染」〔註 11〕。第 52 期刊登的《王先生》講述了疫情故事：為避免感染腦膜炎，王先生從藥店買了幾個黑色防疫套帶回家，女兒阿媛說什麼也不願戴，搶白道：「也不是狗嘴上要套一個套子，我寧願受傳染，卻不願帶套子！」為促進防疫工作開展，《上海漫畫》批評不戴口罩、不講公德的市民。第 53 期五版的一幅漫畫中，一位穿長衫、戴口罩的男子質問身旁穿西裝的男子為何不戴口罩，對方回答說：「見你套了嘴套，我很安心，絕不會被你傳染的了。」通過《上海漫畫》的疫情宣傳，上海市民的防疫意識得到提升。很快，上海街道上隨處可見戴著口罩的路人。

〔註 10〕李廷安：《民國十八年上海腦膜炎流行之經過》，1929 年第 2 卷第 7 期《衛生月刊》，第 13 頁。

〔註 11〕《上海市衛生局勸告市民預防流行性腦脊髓膜炎症之傳單》，1929 年第 6 卷第 5 期《廣濟醫刊》，第 51、52 頁。

圖 6-6　第 52 期 8 版《王先生》

圖 6-7　第 53 期 5 版

　　伴隨著衛生觀的提升，人們的健身意識也開始增強。20世紀二十年代末，上海的健身房與健身課程非常普遍，報刊也常刊登健身房的照片，介紹健身器材與健身方法。第79期刊登的《王先生》中，運動器材店的玻璃櫥窗裏擺滿了網球拍、籃球和彈簧拉力器等，拉力器廣告牌上，一名健身運動員正雙臂伸展使用拉力器鍛鍊，背部肌肉塊塊隆起。站在櫥窗外觀看的王先生不禁心生豔羨，感慨道：「像我這樣瘦弱的身子，應該鍛鍊鍛鍊了。」

圖6-8　第79期8版《王先生》

　　除了琳琅滿目的健身器材，游泳也是當時流行的健身運動。越來越多的女性敢於身著泳裝在泳池中暢遊，體現出社會觀念的開放度。第66期刊登的《王先生》講述了還在住院的王先生偷偷跑到海邊游泳的故事。只見海灘邊，身著泳衣的男男女女互相攀談嬉鬧著，有撐著太陽傘納涼的，有躺在沙灘上曬日光浴的，好不熱鬧。穿著泳裝的王先生看見王太太和阿媛走來了，忙說：「快些去買兩身浴衣來，洗海水澡，我一個人冷靜（清）極了！」

圖6-9　第66期8版《王先生》

第二節　《王先生》的漫畫語言和敘事手法

　　《王先生》不僅在選材的豐富性和全面性上超過許多同類作品，在漫畫語言和敘事手法上也獨具匠心，為我國連環漫畫的創作提供了寶貴經驗並產生了深遠影響。

　　連環漫畫要求在有限的篇幅裏既要情節合乎邏輯，又能尺水興波，奇峰突起，給讀者帶來新奇和驚喜。《王先生》也同樣遵循這一規律，其特點主要表現在以下幾個方面：

一、順流直下，結尾突轉

　　與非連續的單幅漫畫、多格漫畫不同，連環漫畫需設定固定的主人公，在分格場景與漫畫注文搭建的圖文互文語境中運用鋪墊、懸念、突轉等多種敘事技巧。因處於連環漫畫發軔期，《王先生》的分格手法較為簡單，多在規格整齊的畫框中進行展現全景的長鏡頭敘事。在漫畫故事的講述中，突轉是最為常見的敘事技巧，基本每一組《王先生》都會在最後幾格漫畫中出現出乎意料的反轉。因此，「情理之中，意料之外」成為《王先生》漫畫敘事的一個基本規律。

第 46 期刊登的《王先生》，講述的是小陳的朋友李師長從南京來造訪，王先生想借機通過他往上爬。於是盛情款待李師長，一頓夜飯，一場影戲，一打香檳，再加上許多禮物，王先生心想大約一個團長總有希望了。誰知一問才知道，李師長前天還是一個師長，昨天剛被裁兵解職，所以跑到上海投奔小陳，想找個差事做做。第 96 期刊登的《王先生》，講述的是王先生購買返老還童丹的故事。第一格漫畫，坐在沙發上看報的王先生自言自語道：「這篇廣告倒有點道理。」第二格漫畫，用近景鏡頭給了返老還童丹廣告一個大特寫。第三格漫畫，王先生在路上邊跑邊說：「有這樣的靈藥，不妨去買幾瓶來吃吃。」第四格漫畫，王先生站在大藥房門口，看著玻璃展櫃中的返老還童丹廣告說：「返老還童倒可以再做一世人。」第五格漫畫，從藥店滿載而歸的王先生抱著兩大箱丹藥說：「自己吃一打，老太婆吃一打。」第六格漫畫，回到家中的王先生為了更快見效，一口氣吃了返老還童丹，旁邊的桌子上堆滿了藥瓶。第七格漫畫，王先生躺在床上呼呼大睡，夢中小陳用文明棍敲著他的頭說：「老王，你寄在我門下做個乾兒子好嗎？」第八格漫畫，從夢中驚醒的王先生雙手捂著臉道：「事前倒沒想到這一層……」第九格漫畫，醫生摸著王先生額頭，王先生說：「我吃了一打返老還童丹，請你開個藥方把他們一起瀉出來吧！」

圖 6-10　第 46 期 8 版《王先生》

圖 6-11　第 96 第 8 版《王先生》

二、獨立成篇，前後關聯

　　《上海漫畫》共刊發一百組《王先生》，畫家以敏銳的洞察力捕捉了市民性格中的種種弱點，用詼諧手法塑造了王先生和小陳這兩個典型形象，並通過家庭生活的紐帶，用戲謔、調侃的敘述方式把 5 個小人物緊緊連在一起，讓他們在家內家外的矛盾衝突中演繹出一幕幕市井鬧劇。總的來看，畫家對其筆下的這幾個小人物既不滿又同情，挖苦中寓箴規，諷刺中含歎息，哀其渾渾噩噩、怒其不求上進的一片良苦用心躍然紙上。畫家的高明之處在於，除 3 位女主角外，王先生和小陳的身份往往根據主題的需要經常變化，但變化的同時，5 個人物所具有的不同性格特徵非但沒有減弱，反而愈益凸顯，形象也越加豐滿生動。一部漫畫作品有如此多的主要人物，且每個形象都有自己獨立的性格特徵和廣泛的代表性，與當時及其後的幾部長篇系列漫畫相比，《王先生》可謂技高一籌。

　　《王先生》的連續性主要體現在五個主人公性格與形象的穩定性上，部分漫畫雖然在故事情節上相互關聯，但沒有較強的因果關係，因而每組漫畫皆可獨立成篇，如第 25 期至第 33 期共用 8 組（第 26 期為國慶特刊，無）漫

畫，講述了王先生和小陳兩家人結伴去杭州旅遊的故事，每組均可獨立成篇。
下面以第 103 期至第 105 期 3 組漫畫為例。

　　第 103 期刊登的《王先生》中，小陳垂頭喪氣地走在路上，王先生追問緣
由卻碰了一鼻子灰。王先生回到家中發現小陳送來的遺書，原來兩口子鬧矛盾
使他產生了輕生念頭。王先生急忙跑到河邊去找小陳，果然在橋上找到了。小
陳站在橋邊縱身一躍，措手不及的王先生趕忙跑到橋邊向下一望，只見小陳摔
在了橋下路過的船隻上，王先生長舒一口氣道：「命不該絕！」第 104 期刊登
的《王先生》中，王先生去看望死裏逃生的小陳。走到陳家門口，剛巧碰到正
要外出的小陳，他嘴中念叨著家庭生活的無奈。王先生跟在小陳身後，一路安
慰他，勸他退一步海闊天空。小陳卻不耐煩地說：「不必多管閒事！」放開腳步
就跑。王先生擔心小陳又想不開，緊跟其後跑出一身大汗。最後才發現，小陳
竟是約了自己的女兒阿媛去看戲。第 105 期刊登的《王先生》中，王先生告誡
阿媛不要再與小陳出去看戲，恰巧被前來約阿媛看戲的小陳聽見了。一籌莫展
的小陳忽然心生一計，派人給王先生送來一封信，約他上門面談。王先生以為
小陳夫婦又鬧矛盾了，趕忙前去調解。誰知小陳並不在家，王先生只得回到家
中，僕人告知他，阿媛已被小陳接走了。原來是小陳使的是調虎離山計。

圖 6-12　第 103 期 8 版《王先生》

圖 6-13　第 104 期 8 版《王先生》

圖 6-14　第 105 期 8 版《王先生》

三、奇思妙構，出人意表

在《王先生》創作構思中，葉淺予敢於打破常規，出人意表，每有奇思妙想之佳構，觀後讓人拍案叫絕，歎為觀止。

第 39 期刊登的《王先生》，講的是王先生忽然心血來潮，利用父親教的一點醫道，開始掛牌行醫起來。一位老太太生了急病請他出診，王先生便開了小陳的汽車心急火燎地趕去，結果一頭撞在「紅頭阿三」身上，人仰車翻。病家的僕人趕到王先生家催問：「王太太！王先生呢？我們老太太病得快死了，怎麼他還不去？」王太太呼天搶地答道：「為來為去為你們這班病鬼！他自己也躺在醫院裏快死了，請你們老太太陪陪他吧！」第 41 期刊登的《王先生》，將畫中人帶入現實生活中，虛虛實實，亦真亦幻。畫中，王先生在大街上聽到一個報童在喊：「阿要看《上海漫畫》『滑稽王先生』，一角小洋一張。」王先生看後大為光火：「豈有此理！怎麼把我的事情尋起開心來了！」於是和小陳找來幾個小流氓，興師動眾地到《上海漫畫》編輯部討說法。《上海漫畫》編輯告之：「諸位對不起！准定下期道歉！以後還要請王先生多賜一點材料。」讓王先生和小陳想不到的是，編輯部竟把他們此次尋釁報復事件作為漫畫材料又登在《上海漫畫》上。

圖 6-15　第 39 期 8 版《王先生》

圖 6-16　第 41 期 8 版《王先生》

第三節　《王先生》對漫畫史的貢獻及其不足

　　《王先生》的問世使得葉淺予成為我國長篇連環漫畫的首創者之一，它不僅促進了漫畫表現形式的多元化發展，而且為我國連環漫畫的創作積累了寶貴經驗，對其後張樂平《三毛》和黃堯《牛鼻子》兩部連環漫畫都產生了直接影響。1930 年 6 月 16 日，《上海漫畫》併入《時代畫報》後，原載於《上海漫畫》的《王先生》從《時代》第 4 期起接續連載。每期刊載一組漫畫，每組 8 至 9 格不等，並隨《時代》出版至 1935 年 4 月，共 77 組漫畫。

　　但是必須看到，葉淺予開始創作《王先生》時年僅 21 歲，從思想上來講還不夠成熟，他從單純的「以娛大眾」目的出發，為博大眾一笑而將目光過多地聚焦在王陳兩家的男女關係上，始終跳不出這個框框。正如他自己所說：「《上海漫畫》從創刊到休刊，從 1928 年到 1930 年，共出了一百多期，《王先生》每週都和讀者見面，為讀者演一場滑稽戲，從家庭小糾紛到社會大關

係。」《王先生》其中相當大一部分內容表現的是上海人的生活、享樂方式及兩性關係。」〔註12〕

《上海漫畫》時期的《王先生》主要從上海市民階層的日常生活入手，深入解剖國民性弱點，以期達到療救社會的目的；隨著對國民性弱點探究的不斷深入，葉淺予逐漸認識到市民文化的劣根性源於政治的腐朽和社會的黑暗，於是到《時代》時期，轉而把諷刺的矛頭對向官場黑幕，呼喚清明政治，從而將這部作品的社會意義推向了漫畫創作的高峰，漫畫也真正成為一種戰鬥武器。後來，葉淺予又出版多種「王先生系列」，在《圖畫晨報》發表《王先生別傳》，在南京《朝報》連載《小陳留京外史》《王先生到農村去》，在天津《庸報》發表《王先生北傳》。總計在報刊上發表了800多組連環漫畫，出版了11個單行本。同時，從1934年到1940年間，根據葉淺予的連環漫畫拍攝的「王先生」系列電影有11部，成為中國電影史上連續時間最長、拍攝集數最多的系列影片。〔註13〕那個詭計多端、尖嘴猴腮、光腦袋的小老頭——王先生就這樣名聞天下，成為盡人皆知的「公眾人物」。

〔註12〕葉淺予：《細敘滄桑記流年》，中國社會科學出版社，2006年版，第197頁。
〔註13〕1934年至1940年陸續上映的「王先生」系列電影，包括《王先生》（1934年）、《王先生的秘密》（1934年）、《王先生過年》（1935年）、《王先生到農村去》（1935年）、《王先生奇俠傳》（1936年）、《王先生生財有道》（1937年）、《王先生吃飯難》（1939年）、《王先生與二房東》（1939年）、《王先生與三房客》（1939年）、《王先生做壽》（1940年）、《王先生夜探殯儀館》（1940年）。香港也有多個版本的「王先生」影片，諸如《廣東王先生》（1937年）、《王先生與肥陳》（1955年）、《王先生到香港嫁女》（1958年）、《王先生到香港探親》（1959年）、《王先生行正桃花運》（1959年）等。直至20世紀九十年代，還有上海電影製片廠攝製的電影《王先生之慾火焚身》（1993年）、華藝音像實業有限公司攝製的電視連續劇《王先生和小陳》（1994年）。

第七章　時尚雲裳：《上海漫畫》之時裝漫畫和時裝畫

　　自 1843 年開埠後，上海一躍而為中國接受西方文化的前沿陣地，成為中國時尚文化最耀眼的城市，被譽為「東方巴黎」。到 20 世紀二三十年代，以上海為樞紐的國際化航運體系業已形成，上海至巴黎、紐約、倫敦的航線，使得上海的「血脈和全世界的名城相流通，巴黎的時裝，一個月後，就流行在上海的交際場中」〔註1〕。上海成為新潮服飾的發源地，左右著全國的流行趨勢。當時流傳著這樣的順口溜：「人人都學上海樣，學來學去不像樣，等到學了三分像，上海又變新花樣。」

　　民國時期，隨著封建制度的瓦解，傳統服制退出歷史舞臺，中國服飾文化進入了一個空前繁榮、活躍的時代。到 20 世紀二三十年代，中國人的服裝出現了一次大變身，這就是男性中山裝和女性旗袍的流行，以至於這兩種服裝事實上已成為中國的「國服」。中山裝是孫中山先生在廣泛吸收歐美服飾的基礎上，綜合了日式學生服裝（詰襟服）與中式服裝的特點，設計出的一種立翻領有袋蓋的四貼袋服裝。1929 年 4 月，中山裝經國民政府明令公布為法定制服。與此同時，女性服裝也經歷了一次重要演變，即旗袍的異軍突起。二十年代中期，新式旗袍以長馬甲形式出現，婦女上身穿短襖衫，外罩長馬甲（亦稱旗袍馬甲），並稍加鑲滾裝飾，面料也顯得更為輕薄貼身。隨後，長馬甲與短衫合二為一，遂成為東方時裝的典型——旗袍，現代意義上的旗袍

〔註1〕萍子：《跳舞場》，《社會日報》，1934 年 1 月 21 日。

誕生了。初行之時，旗袍仍沿襲了傳統的長裙，長及腳踝。二十年代末至三十年代初，旗袍的高度已縮至膝下兩寸許，整個小腿都裸露在外。到三十年代，旗袍由直線裁剪改為收腰的曲線剪裁，腰身越做越窄，將女性身體的曲線美展露無遺。同時，擺衩也越開越高，透過一條若隱若現的縫隙，女性修長的腿部呼之欲出。至此，現代上海女性已徹底擺脫封建舊有的穿衣模式。在旗袍愈來愈流行的大趨勢下，1929 年中華民國政府頒布法令，確定旗袍為國家禮服之一。

現代旗袍誕生不久，就與剛剛創辦的《上海漫畫》結下不解之緣。該刊每期都闢有專門的時尚專欄，刊登流行的服裝款式和名人明星的穿著打扮，透過文章和圖片向公眾展現一幅幅全新摩登女性形象，不斷吸引著人們的眼球。

第一節　記錄時尚變遷——《上海漫畫》的時裝漫畫

衣食住行中，服飾最易得風氣之先，也最能迅速直觀地反映社會時尚。上海是一個注重服飾的「衣冠世界」，素有「只重衣衫不重人」「不怕家裏起火，只怕身上跌跤」的說法。上海作為中國最大的商埠、中外貿易中心，各種新奇服裝、時髦衣飾皆從上海發起。凡有新品上市，女人們多不惜金錢爭相購買，其財力之豪讓人驚歎。據當時的《申報》報導：「至於衣服則不惟其舊惟其新，不惟其樸惟其華，鬥麗爭華者層見迭出。一裘也，而所費數百金；一葛也，而所費數十金。」〔註2〕

在第 1 期葉淺予的漫畫中，一對夫婦躺在床上，牆面一側掛滿了琳琅滿目的女裝，而另一側僅有一套男士西裝。男人說：「明天公司裏發工錢，我可以去做一身新衣服了。」女人答道：「這兩天通行單大衣〔註3〕，對過王太太早就穿上了，明天我已約好她去剪料子呢。」漫畫除了展示女性對新裝的強烈需求外，也體現了中等家庭婦女對經濟的話語權。即使這樣，也無法消滅男性對新裝的酷愛。第 94 期的一幅漫畫中，一位穿著華麗睡袍的男士，正坐在沙發上欣賞著滿壁的時尚男裝。注文稱：「新時代的男性，欲和女性一樣的選擇服裝！」

〔註 2〕《申報》：《歲除論》，1880 年 2 月 8 日。
〔註 3〕繼旗袍之後，女裝大衣開始流行。過去女性只穿一件綢質的斗篷，民國初年，斗篷已不大流行，有些女性做仿西方婦女的外衣，於是有了中式的女裝大衣。

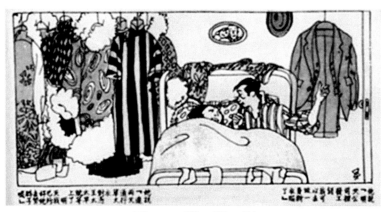

圖 7-1　第 1 期 4 版

圖 7-2　第 94 期 5 版

　　近代上海人對穿著的講究早就聞名遐邇。在摩登的上海，時尚新裝成為顯示時髦和體面的生活必需品，成為融入這座國際大都市的入場券，無論階層高低、收入多少，購買時裝都成了他們必不可少的開支。魯迅在《上海的少女》中說：「在上海生活，穿時髦衣服的比土氣的便宜。如果一身舊衣服，公共電車的車掌會不照你的話停車，公園看守會格外認真的檢查入門券，大宅子或大客寓的門丁會不許你走正門。所以，有些人寧可居斗室，喂臭蟲，一條洋服褲子卻每晚必須壓在枕頭下，使兩面褲腿上的折痕天天有棱角。」第 9 期魯少飛的漫畫，一個村夫推著鄉下小推車，車上坐著六位手拷竹籃、身穿改良旗袍的年輕女工。注文說：「一般年輕的女工人，天剛亮就坐了車子去做工，一直到日落回來，生活儘管勞苦，可是女娘們是喜歡效尤新裝，誇奇鬥勝，總不惜汗血去換一個表面。」

圖 7-3　第 9 期 6 版

圖 7-4　第 15 期 4 版《階級之服裝》

　　女人購買時裝是為了追求摩登，男人購買服裝則為了顯示身份。漫畫《階級之服裝》中，依次排列了五種男裝，第一是軍服，其次為中山裝，再次是西裝，然後是長衫，排在最後的長袍馬褂則是社會底層的標誌。中山裝大方樸實，嚴謹持重，孫中山把自己的政治抱負融於服裝之中，賦予中山裝設計以特有的含義〔註 4〕。在孫中山的倡導下，當時的革命黨人皆以身著中山裝為

〔註 4〕中山裝前襟的 4 個口袋象徵國之四維，即「禮、義、廉、恥」。左上口袋倒寫

榮。第 46 期葉淺予的漫畫中，一位身穿西裝的「異類」，看著清一色中山裝的人們不禁心生疑問：「穿了中山裝的，是否一定全是些忠誠的？」

圖 7-5　第 46 期 4 版

隨著歐風東漸，正裝西服逐漸成為交際場合的首選服裝之一。除了展示社會地位外，還因「西裝較之中裝美觀、便利、耐穿之故也」〔註5〕。第 51 期的一幅漫畫，畫了兩位中西服裝混搭的男士，不同的搭配標誌著不同的社會地位和身份——中國長衫搭配西裝褲子是偉人的穿搭，西裝上衣搭配中國褲子則是瘪三的標配。同為中西混搭，因為西裝的外顯而成了小瘪三，因為西褲的若隱若現卻成了偉人。男性西裝因襯衫、領結、西服西褲的固定裝飾較之女裝呈現出更全面的西化。辛亥革命後，民國政府將西裝列為禮服之一。1919 年後，西裝作為新文化的象徵衝擊著以長衫、長袍馬褂為代表的傳統服飾，後者則成為封建與落後的標誌備遭冷落。隨著西服的流行，國服日漸式微，每當帝國主義鐵蹄踐踏中國國土的時候，社會上便會掀起抵制西服的風潮與「打倒西裝！國服萬歲！」〔註6〕的呼聲。1929 年 8 月 17 日出版的第 69 期《上海漫畫》，正

「山」字形留有插鋼筆的位置，象徵以「文」治國。對襟 5 粒紐扣，象徵「行政、立法、司法、考試、監察」五權分立，以及中華民族的道德準則「仁、義、禮、智、信」。衣袋上的 4 粒紐扣，象徵人民有「選舉、創制、罷免、復決」等四項民主權利。左右袖口的三個紐扣分別表示三民主義（民族、民權、民生）和共和理念（平等、自由、博愛），衣領為翻領封閉式，表示嚴謹的治國理念；中山裝背部不縫縫，表示國家和平統一不容分裂。

〔註5〕沈梓青：《西裝》，1928 年第 57 期《上海常識》第 2 版。

〔註6〕誅心：《打倒西裝！國服萬歲！》，1929 年第 317 期《北洋畫報》第 1 版。

值中東路事件發生後不久，第五版的一幅漫畫中，三個穿西服的男子一臉尷尬地低頭走在街道上，後面跟著一位頗為自得的搖摺扇、穿長衫的男子。注文稱：「最近穿綢長衫的朋友譏笑穿洋裝的朋友為不愛國的人了。」

圖 7-6　第 51 期 5 版

圖 7-7　第 69 期 5 版

　　民國初年是一個新舊交替的時期，服飾上的多樣化也反映了這一時代特徵，「西裝東裝，漢裝滿裝，應有盡有，龐雜至不可名狀」〔註7〕。漫畫《同學不同裝》中，一路同行的大學男生，有的穿著長衫，有的一身中山裝；有的長袍馬褂，有的西裝革履；還有西服短褲混搭的，新舊相雜，不中不洋，不倫不類。除了雜糅風，還有流行風。第92期中的一幅漫畫，記錄了當時女裝流行時尚的難以抗拒，畫中六位女子的著裝幾乎一模一樣。注文稱：「近日海上婦女盛行藝術帽及短襪一類，若她們聯絡若干人一起行走，活像一隊娘子軍。」

圖7-8　第69期7版《同學不同裝》

圖7-9　第92期5版

<hr />

〔註7〕《閒評二》，《申報》1912年9月8日。

　　在張愛玲的小說《半生緣》中，曾描述上海「一般女人到了冬天也還是絲襪皮鞋」。生於斯長於斯的張愛玲以其對上海女性裝扮的天然熟悉以及對「逝去的都市時尚」的敏感，從文學角度為我們打開了一扇對民國上海女性時尚想像的窗戶，而《上海漫畫》則為我們進行了形象直觀的展示。第 39 期有一幅葉淺予創作的速寫作品《巴黎舞場之印象》，由注文我們知道，1928 年歲末，編務完畢後，葉淺予倡議到巴黎跳舞場去消磨這一夜。於是便和魯少飛、張振宇三人在那酒芬肉香、狂亂迷醉的世界裏直到早晨 4 點鐘才回家。那晚最令葉淺予注意的，便是那些舞女多姿多彩的服裝，於是便以逸筆草草的速寫勾畫了下面這幅精彩的時裝漫畫。

圖 7-10　第 39 期 4 版《巴黎舞場之印象》

　　一生喜愛華美旗袍的張愛玲還說過:「我們各人住在各人的衣服裏。」
〔註8〕婦女服飾就像一面時代的鏡子,能夠折射出當時的生活方式、社會環
境、社會制度以及社會審美觀念等諸方面。在傳統中國社會,由於受到「存
天理,滅人慾」思想的影響,女性服飾往往具有約束其行為的功能:衣領緊
扣,長裙曳地;倘在著裝中有意無意地袒露肌膚,都會被認為有失婦道而為
社會所不容。1917年上海《時報》曾呼籲:「近日女界中流行之一種女服,
則衣無領而禿頸也……邇來風尚,婦女界漸漸欲以肉體示人,如褲短之漸
露其脛也,袖短之漸視其臂也。今既禿頸,則不久且將呈其玉雪之胸背,是
烏可哉!是烏可哉!」〔註9〕翌年夏,上海市議員江確生致函江蘇省公署:
「婦女現流行一種淫妖之時下衣服,實為不成體統,不堪寓目者。女衫手臂
露出一尺左右,女褲則弔高至一尺有餘,乃至暑天,內則穿一粉紅洋紗背
心,而外罩一有眼紗之沙衫,幾至肌肉盡露。此等妖服,始行於妓女。妓女
以色事人,本不足責,乃上海之各大家閨閫,均效學妓女之時下流行惡習。
妖服冶容誨淫,女教淪亡,至斯已極。」〔註10〕可見,現在習以為常的短袖
和中褲,在民國初年尚被認為是一種傷風敗俗的著裝,如果女性穿了露臂
「一尺左右」的短袖,就堪與妓女相比了。在當時,這種保守、不合人性的
傳統女裝仍有一定市場。張愛玲在《更衣記》描寫了穿著這種傳統女裝的感
受:「削肩、細腰、平胸,薄而小的標準美女在這一層層衣衫的重壓下失蹤
了。她的本身是不存在的,不過是一個衣架子罷了。」〔註11〕第68期葉淺
予的漫畫《最近的旗袍》,就批評了新款旗袍一些有違人性的設計:高立領
卡住喉嚨,讓人無法呼吸;緊窄的下擺,似乎有不許人行動的意思;全部的
曲線無處不美,除了這微微凸起的肚子外。第99期葉淺予的漫畫還指出當
時的一種趨向:「現代婦女的裝束,漸由膝部掩蓋到腳背,這是最近的趨勢。」

〔註8〕張愛玲:《更衣記》,金宏達、于青編:《張愛玲文集》(第4卷),安徽文藝出
　　　　版社,1992年版,第32頁。
〔註9〕《禿頸之鴉》,《時報》1917年5月18日。
〔註10〕《取締婦女妖服之呈請》,《時報》1918年5月14日。
〔註11〕張愛玲:《更衣記》,金宏達、于青編:《張愛玲文集》(第4卷),安徽文藝出
　　　　版社,1992年版,第29頁。

圖 7-11　第 68 期 4 版《最近的旗袍》

圖 7-12　第 99 期 5 版

　　但文明是不斷進步的，時代潮流不可阻擋！今勝於昔、後勝於今是歷史
發展的必然。曹涵美的《中國婦女服裝之變遷》分別描繪了古代上衣下裙的
傳統裝束，清代領口低且袖口和裙擺非常寬大的長襖，以及當時的改良旗袍。
中國女性服飾的變遷，反映了中國社會從禁錮走向開放的歷程，也體現了中
國女性自我意識和社會地位的提高。基於此，曹涵美大膽設想了中國將來的
兩件女裝款式，頗有點類似於現在的弔帶裙和超短裙褲，不得不讓人佩服他
的先見之明。另外，他還繪製了一幅《女子護胸的變遷》，介紹了古代的「兩
當」、清代的「肚兜」、近代的「小馬甲」和「胸衣」。護胸的變遷不僅展示了
女性審美情趣的變化，也表明女性身體逐漸得到尊重和解放。

圖 7-13　第 83 期 4 版《中國婦女服裝之變遷》

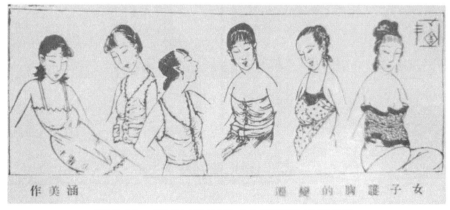

圖 7-14　第 74 期 7 版《女子護胸的變遷》

第二節　與時代一同躍動──《上海漫畫》的時裝畫

除時裝漫畫外，《上海漫畫》每期基本上都刊登漫畫家們繪製的時裝畫。時裝畫與時裝漫畫有著本質的區別，時裝漫畫可能是畫家對著女性服裝的真實寫照，也可能是畫家從自身審美角度對服裝進行了再創作，服裝只是畫中的道具；而時裝畫則是時裝的設計圖稿，是讓觀眾看到穿衣於身的真實效果，畫家要盡可能地表現面料的質感和服裝的立體感，這與現代服裝設計師繪製的服裝效果圖幾乎毫無二致。「時裝畫是英文 Fashion Illustration 的對譯，它是服裝設計師心目中的一個 Idea 的描述。在這個意義上，時裝畫是真正的舶來品。」〔註 12〕因此，民國時期上海畫家用繪畫來表達自己對服飾的創作構想，其實較多地受到了西方時裝設計的影響，很多畫家在繪製時裝插圖時，往往採用中西畫法結合的方式。

另外，時裝畫與人物畫有著不可分割的聯繫，因為兩者的描繪對象都離不開人這個主體。當然，兩者也有諸多不同之處，時裝畫主要表現的是人的著裝狀態，服裝是創作者所要傳達的第一視覺中心；而人物畫的主體是人，即人在具體情況下所表現的狀態，包括人的著裝狀態和裸體狀態的描繪。服裝設計師通過時裝畫來表達其對美的認識，對生活的理解，正如人物畫家通過對人的觀察和描繪來實現其對藝術的追求。同時，對人本身的瞭解是時裝畫至關重要的一個環節，而人物畫恰好在對表現人的各個方面都有具體而深入的研究。因此，時裝畫可以通過借鑒人物畫的多種表現形式更好地實現設計主旨，完善畫面效果，從而使所要設計的服裝更具魅力。

《上海漫畫》的服裝設計作品十分豐富，具有中西合璧的特點，不僅包括時尚的改良旗袍、西洋連衣裙、毛領大衣等女裝，還對服飾的細節諸如袖筒、衣領、印花等進行圖解分析，其中也不乏配飾的介紹。漫畫家們不僅繪製時裝款式圖，還在圖旁配以文字，注明適宜的面料，講授製作過程，並描述成衣的穿著效果。

葉淺予堪稱這一群體中的領軍人物。袁傑英在《20 世紀中國服裝設計師足跡》中稱：「從 30 年代開始，中國的開明女性就十分幸運地得到了藝術家們的呵護，擁有了時髦的裝扮。其中畫家葉淺予先生，就曾為我們留下了極

〔註 12〕王斌：《服裝畫技法》，東華大學出版社，2005 年版。

為多姿多彩的女裝設計。」〔註13〕葉淺予記錄他在《上海漫畫》的這段經歷說：「除此（漫畫）而外，我有時畫點婦女時裝設計圖，因而受到雲裳時裝公司的聘請，當了一個時期的時裝設計師。這個新職業等於唱京戲玩兒票，自得其樂而已，可也發生了社會影響。在此期間，一家英國棉織印花布洋行，通過一家廣告公司找到我，要我為印花布辦一次時裝展覽，藉以傾銷他們的新產品。為了這次展覽，我除了設計服裝、編印樣本，還跑舞廳，約請幾位舞女當臨時模特兒，在南京路一家著名的外商惠羅百貨公司樓上辦起了上海第一次時裝展覽會。在當今時裝模特風行一時的八十年代看來，那簡直像小孩子玩過家家，可是有幾位老牌服裝設計師見到我，卻舉起大拇指，說我是時裝展覽的『開山老祖』。」〔註14〕

圖 7-15　第 9 期 4 版《夏季的外套》

〔註13〕袁傑英：《20 世紀中國服裝設計師足跡》，黑龍江科學技術出版社，1999 年版，第 1 頁。

〔註14〕葉淺予：《細敘滄桑記流年》，中國社會科學出版社，2006 年版，第 66 頁。

　　葉淺予的服裝設計作品充分考慮了季節、年齡、場合、身份等要素對服裝款式設計的要求，充分體現了現代服裝設計所應遵循的 TOP 原則〔註15〕。在每幅作品的款式設計圖的下方還附有簡短文字，介紹其設計意圖。第 9 期中，葉淺予這樣描述他所設計的夏季外套：「一到夏季，女子們都喜歡赴戲院、飯館、露天跳舞場去消磨長夜。這時候的天氣，時或有點涼意，故婦女們多於薄紗的內衣外，加一外套，用紗及綢質製成，臨風飄蕩，大有仙乎其來之姿，甚合戶外卻寒之用。」其設計兼顧了季節氣候的變化，並搭配以合適外套或圍巾。1929 年是農曆蛇年，第 43 期的一幅漫畫中，葉淺予以蛇為主題設計女裝，他在說明中寫道：「今年是蛇年，蛇的外表，天生著許多美麗的圖案，很富於裝飾意味，拿它們放在婦女的服裝上，那是最適宜也沒有了，而且是今年最好的一種點綴。」頗類似於現在的服裝仿生設計。

圖 7-16　第 43 期 4 版

〔註15〕TPO 原則，是有關服飾禮儀的基本原則之一。其中的 T、P、O 三個字母，分別是三個英文單詞時間（Time）、地點（Place）、場合（Occasion）的縮寫。即要求人們在選擇服裝時，應力求使自己的著裝及具體款式與著裝的時間、地點、場合協調一致，和諧般配。

　　葉淺予還是女裝改革的先驅，其設計理念以人性化為歸依。如第 8 期《領之改良》中，他指出：「婦女裝束之改良，這幾年來確有特殊的進步：束胸的惡習既逐漸的除去了，四肢同時也得到行動自由的幸福。然而還有一個大的缺點，即是又高又硬的領子，予又嫩又弱的頸子以磨難，這是不得不應有相當之覺悟的。」在第 52 期中，他專門設計了幾款領口的式樣，既美觀大方，又予頸子以貼體的呵護。

圖 7-17　第 8 期 4 版《領之改良》

圖 7-18　第 52 期 4 版《領口的式樣》

　　此外，《上海漫畫》還登有大量的服裝與服飾廣告。在《上海漫畫》的服裝與服飾廣告中，出現頻率最高的是雲裳公司，除第 26 期國慶特刊外，每一期都有雲裳公司的服裝廣告。1927 年 8 月 7 日成立的雲裳公司，位於上海靜安寺路（今南京西路）122 號，號稱「中國第一家專為女性開辦的新式服裝公司」。該公司由徐志摩、張禹九等人合資開辦，總經理是徐志摩的前妻張幼儀。公司邀請交際名媛唐瑛、陸小曼為雲裳代言。雲裳公司「不但裁製衣裳，且有美術名家繪製式樣模型，並聘染色專家，印染各種圖案」〔註16〕。張光宇、丁悚、葉淺予都曾應邀為其畫過新裝，被雲裳公司聘請為時裝設計師和新裝的打樣師。這些服裝與服飾廣告大多出自葉淺予和魯少飛之手，線條細膩，顏色鮮豔，具有較強的藝術性；同時配合四季變化，常常花樣翻新，突出了「藝術化新裝」的理念。雲裳時裝公司的成功帶動了整個上海服裝業的發展，許多日本、印度、東南亞的富豪，都到上海來選購旗袍和時裝。

圖 7-19　第 2 期 4 版雲裳公司廣告

〔註16〕草野：《記雲裳公司》，1927 年 6 月 24 日《晶報》。

7-20 第82期4版雲裳公司廣告

第三節 時裝潮流指向標——《上海漫畫》的女裝封面

中國傳統服裝加工製作主要是由裁縫、成衣匠完成,他們憑藉師徒相承的技藝量體裁衣,在裁剪上基本沿襲傳統的定制,款式也較少突破,服裝設計的概念更無從談起。進入20世紀,上海發達的商業經濟和文化娛樂,使服飾流行傳播的途徑、渠道變得多元化。其中,報刊成為傳播時裝流行的一個重要陣地,當時很多雜誌採用時裝仕女畫為封面。

在110期《上海漫畫》封面中,刊載新潮女裝的封面共有7期〔註17〕。這些女裝封面主要由葉淺予、黃文農繪製,它們絕不僅僅是博人眼球,更重要的是昭示著服裝的流行趨勢和走向。

〔註17〕女裝封面分別為第30期、第39期、第78期、第86期、第97期、第103期、第109期。

圖 7-21　第 39 期封面

圖 7-22　第 78 期封面《前途》

圖 7-23　第 86 期封面《二九年華》

圖 7-24　第 97 期封面《街頭》

圖 7-25　第 103 期封面《青春時代》　圖 7-26　第 109 期封面《落英繽紛》

　　研究新裝需要把握時代潮流，在繪製漫畫時還需根據畫中女性的個性進行設計。正如《上海漫畫》女裝封面的主要繪製者葉淺予所言：「不論長短、深淺、繁簡、顯暗都得很精密的考慮，在多人彙集的場合，尤其要表現自己個性的美點。」這 7 期女裝封面包括了春夏秋冬時裝，充滿了創意和現代感。如既能禦寒又能凸顯女性曲線美的大毛領改良旗袍（第 39 期封面）；新郎身著西式大禮服、新娘身披白色婚紗的西式婚禮服（第 78 期封面《前途》）；高領高腰、盡顯修長美腿的超短連衣裙（第 86 期封面《二九年華》）；裙裾飄飄、色彩繽紛的時尚連衣裙（第 97 期封面《街頭》）；摩登不失傳統的綠底印花改良旗袍（第 103 期封面《青春時代》）；更有淺綠長袖衫搭配深綠壓褶裙、絲巾飛揚的絕配秋裝（第 109 期封面《落英繽紛》）。這些精心設計的女裝封面有的是以服裝作為表現對象的時裝畫，有的則是側重場景和環境的時裝漫畫，都極其珍貴地記錄了 20 世紀二三十年代女裝的變遷。

　　但要數人物最多、最精美的一幅，還是由葉淺予繪製的第 30 期封面《秋冬之裝》。沿對角線分割為兩部分的畫面共繪製了上下樓梯的 23 位女性，彷彿是在走 T 臺秀，在具有藝術性的同時巧妙地展現服飾的正背兩面。畫中女

性或身披白色大毛領長襖，或穿著色彩豔麗的改良旗袍、戴著棕色皮草圍巾，但無一例外都露出了性感小腿。葉淺予在下期這樣自我解讀道：「研究新裝不是簡單的問題，完美的新裝，在形式及畫案的配置上，是絕對根據女子的個性設計的；不論長短、深淡、繁簡、顯暗，都得很精密的考量；在多人會集的場合，尤其要表現自己個性的美點！」

然而，當時就有保守派對頗具進步與解放的新女裝大加撻伐，認為「足亦可露，腿更可裸」的女裝充滿「肉味」、可謂「娼學富」〔註18〕。同時，也有進步者發出了「衣服進化到顯露曲線美的作用大概也是文明故吧」〔註19〕，「人類文明程度逐漸有增，而人類極欲表露體態美之一證呀」〔註20〕之類的感歎。從眾多具有曲線美的女裝封面中可以看出，《上海漫畫》的編者們不僅十分支持讚賞新女裝，還在極力推動著新女裝的傳播。

圖 7-27　第 30 期封面《秋冬之裝》

〔註18〕蘆中人：《女裝談》，1930 年第 3 卷第 126 期《北京畫報》第 2 版。
〔註19〕雷歐：《婦女裝束話「寒衣」》，1936 年第 21 卷第 1 期《天津商報每日畫刊》
　　　　第 1 版。
〔註20〕睡青：《婦女裝飾與曲線美》，1930 年第 1 卷第 6 期《五仙漫話》，第 3 頁。

　　女裝的快速更新反映了上海經濟的發展與時代的進步。1929 年 2 月，葉淺予在《上海漫畫》刊文稱：「中國婦女之服裝，近年來迅速的進步，大有一日千里之勢。譬如以前一對大袖管，從創造到風行，從風行到消瘦，從消瘦到改樣，最少也得經過若干年月……目下的時代，那就真不同了。……她們的袖管，差不多人人都不同樣，我們簡直認不清哪一個式樣是代表這時代的。」〔註 21〕從《上海漫畫》的女裝封面上，我們的確領略了服飾變化之速。

〔註 21〕葉淺予：《最近上海舞女裝束一斑》，第 42 期《上海漫畫》第 2 版，1929 年 2 月 2 日。

第八章　現代轉型：《上海漫畫》的視覺修辭實踐

　　19 世紀末 20 世紀初，伴隨著西方漫畫的傳入，中國現代漫畫誕生。誕生之初，已經具備諷刺性與滑稽感等現代漫畫特徵的畫作常被稱為滑稽畫、笑畫、諧畫，沒有統一的名稱。「漫畫」一詞最早出現在北宋文學家晁說之的筆下：「黃河多淘河之屬，有曰漫畫者，常以嘴畫水求魚。」〔註1〕文中名為「漫畫」的水鳥因在水上捕魚時像在作畫而得名。日本江戶時代晚期，浮世繪畫家葛飾北齋首次將中文「漫畫」一詞用在畫作上。20 世紀初，中國報刊開始出現以「漫畫」為名的繪畫作品。1923 年，曾東渡日本學習的漫畫家豐子愷開始在《文學週報》上發表畫作，報刊編輯將這些抒情性的畫作命名為「漫畫」。20 世紀二十年代，隨著豐子愷漫畫的流行，「漫畫」一詞開始為中國民眾所熟知。20 世紀三十年代，誕生於上海的中國現代漫畫成為打開中國現代美術序幕的先鋒。〔註2〕張光宇作為當時漫畫界的突出代表影響了中國現代美術風起雲湧的三、四代人〔註3〕，其主編的《上海漫畫》也成為中國漫畫與中國漫畫雜誌現代性轉型的重要標誌之一。

〔註1〕宋磊：《漫畫在不同國家的稱謂研究》，2008 年《藝術探索》第 1 期，第 85 頁。

〔註2〕郁風：《中國現代美術的先鋒——上海的漫畫時代》，《漫畫世界》，1998 年第 13 期。

〔註3〕郁風：《周令釗畫集》序，人民美術出版社，2006 年版。

第一節 語圖關係：漫畫中圖文的權利爭奪

現代漫畫的雛形在近代中國第一份新聞畫報《點石齋畫報》中孕育。擅長年畫、工筆劃的畫家們使用中國傳統繪畫技法描繪新近發生的事件與市民生活，進行著將新聞與觀點可視化呈現的早期實踐。在維新運動與辛亥革命的影響下，新聞紙林立，光緒十九年（1893年）的《新報》，民國元年（1912年）的《大共和日報》《神州日報》《亞洲日報》〔註4〕等報刊中常有漫畫發表。這一時期，沈泊塵、丁悚、張聿光、江小鶼、馬星馳等中國早期漫畫家借鑒西方漫畫的諷刺方法，將中西繪畫技法相結合，探索出中國漫畫的發展之路，影響著漫畫界的後來人。

中國近代漫畫的諷刺手段來源於對西方漫畫的借鑒。早期中國漫畫家處理圖文關係的方式主要有四種。第一種是將諷刺對象的名稱或代號直接標注在形象上，這種文字標注的作用在於避免人物身份的含混不清或對漫畫意義的猜測，並配合對話框或題跋中的文字闡明諷刺的內容，點明漫畫的主題，將諷刺矛頭直指被抨擊的人物或現象。如1919年五四運動爆發後，沈泊塵所繪的《工學商打倒曹、陸、章》，三個巨大的拳頭趕打著畫中三個人物，三人身上分別寫著「曹」「陸」「章」，拳頭上則寫著「勞動」「學」「商」字樣。通過文字提示，作品醒目地號召工人、學生、商人團結起來，結成有力的同盟，打倒反動軍閥政府賣國賊曹汝霖、陸宗輿、章宗祥。

圖 8-1　沈泊塵《工學商打倒曹、陸、章》

第二種方式式是巧用詞語的比喻義。每個詞語都有其本義、引申義和比喻義。如「飯桶」，本義是指用來裝飯的木桶，引申為人的食量很大，後常用來形容人除了能吃很多飯什麼也不能做，比喻無能至極（貶義詞）。如張光宇的老師

〔註4〕黃士英：《中國漫畫發展史》，《漫畫生活》1935年第13期，第32～35頁。

張聿光 1911 年所畫的諷刺漫畫《飯桶》，一群頭部被畫成飯桶的大腹便便的清朝官員結隊而行，用「飯桶」一詞的比喻義辛辣地諷刺了清政府的腐敗無能。

圖 8-2　張聿光《飯桶》

　　第三種方式是直接描繪出諷刺對象的典型特徵，使讀者一眼就能識別被諷刺對象的身份。如第 71 期《上海漫畫》中，黃文農繪製的一幅蔣介石的漫畫。畫中穿斗篷者一邊說著「需要民眾」，一邊卻把手捂在「言論」的嘴上。漫畫文字說明並沒有點明所畫對象是誰，但蔣介石的小鬍子、光頭等外貌特徵以及身披斗篷的「標配」被突出出來，使讀者一望便知諷刺的對象。可見，典型刻畫即使沒有文字也能向讀者傳達漫畫家所要表達的隱含意義，這些隱含意義倘若通過文字往往需要一定篇幅才能解釋清楚，而通過寥寥幾筆的典型刻畫就能讓讀者心知肚明，取得「一圖勝萬言」的作用。

圖 8-3　第 71 期 7 版

　　第四種方式是用線表示彼此的聯繫，從而省略了大量的文字說明。如第68期《上海漫畫》中的《視線》，用省略線表示三個不同階層的男性對摩登女郎不同部位的視線。圖中女子身穿旗袍，腳蹬高跟皮鞋，留著時髦的「毛掃帚」。一位繫著領結的紳士表情平和地注視著女子的面部，顯得彬彬有禮；另一位戴著墨鏡的光頭男子狂盯女子的臀部，露出歡喜淫邪的表情；而第三位頭戴瓜皮帽的男子欣賞著女子腳上的高跟皮鞋，眼神中充滿了豔羨。

圖 8-4　第 68 期 5 版《視線》

　　對於《上海漫畫》的編輯成員來說，與「藝術的高唱者」沈泊塵不同，馬星馳的漫畫作品實在乏善可陳。張光宇在《黑白畫家》一文中借懷念沈泊塵批評馬星馳：「社會上的一切，他（沈泊塵）終是憤懣和詛咒著，他心地固然也偏狹一些，什麼都不能使他樂觀的；生平的作品，大半在報紙上流露的，但是當時許多報界裏的人物，是否是能夠領會他作品的一流，《新聞報》每天刊登的那位馬星馳的大作，是很合他們口胃的，為甚定要用深奧一些的，叫人家太費思索呢？」〔註5〕葉淺予在其自傳中更是毫不客氣地指出：「當時銷

〔註5〕張光宇：《黑白畫家》，第 18 期《上海漫畫》第 3 版，1928 年 8 月 18 日。

路更廣的《新聞報》副刊《快活林》上有時發表馬星馳的時事諷刺畫，其表現
手法多屬於公式概念化，不痛不癢，不指具體事態，不過是把漢字結構拼拼
拆拆，影射某一事件，逗人一樂而已。」〔註6〕

　　馬星馳的漫畫之所以飽受《上海漫畫》同人的批評，主要原因是在其漫畫
的圖文關係中，文字總是統攝著圖片。如馬星馳1910年創作的《官與民之擔
負》，描繪在封建王朝的壓迫下，飽受苦難的民眾。畫中枯瘦的貧苦百姓被肩上
沉重的包袱壓彎了腰，在寫著「外債賠款及一切捐稅」的包袱上，一位官員抱
著大宅子側臉匿笑，無視面前汗流浹背的百姓。《玩弄於股掌之上》創作於青島
戰役後的1919年，揭露日本帝國主義的狼子野心，諷刺腐敗無能的北洋軍閥
政府。畫中陰險狡詐的日本人將一個中國白癡兒抱於膝上，滿嘴的「公道待遇」
欺哄著，而另一隻腳卻跨過青島伸向山東腹地。創作於1917年的《竟欲攜孺
子以號召耶》諷刺了勾結清朝遺老，欲讓溥儀復辟登基的張勳。三幅漫畫皆是
對標題文字含義的詮釋和圖解，照葫蘆畫瓢，拆解文字的圖像雖然通俗易懂，
但其意義無法溢出文字之外，始終在文字的支配下處於服從地位。

圖8-5　《官與民之擔負》

〔註6〕葉淺予：《細敘滄桑記流年》，中國社會科學出版社，2006年版，第56頁。

圖 8-6　《玩弄於股掌之上》

圖 8-7　《竟欲攜孺子以號召耶》

　　為避免創作出公式化、不痛不癢的漫畫，《上海漫畫》創作團隊在漫畫的圖文關係上進行更深入探索和實踐。在視覺修辭意義上，圖文關係體現為兩種基本的互文敘事：語言主導下的統攝敘事與不對稱平等下的對話敘事〔註7〕。

_____

〔註7〕劉濤：《語圖論：語圖互文與視覺修辭分析》，《新聞與傳播評論》2018 年第 1
　　　期，第 28～41 頁。

在《上海漫畫》中，對複雜的社會現象進行描繪時常使用統攝敘事。如張光宇的《錢與命》，概括了乞丐、嫖客、江湖藝人、病人社會各色人等對錢與命的不同態度，注文說：「要錢又要命，叫花子喊救命；不要錢不要命，大嫖客拼性命；要錢不要命，山東人吞劍；要命不要錢，除非一場病。」漫畫中，錢與命的抽象概念難以用圖像詮釋，抽象性的主題使漫畫只能使用統攝敘事。同時，文字意義具有確定性，而基於聯想的圖片意義不明，為準確地解讀漫畫，觀者必定會將文字置於主體地位，不再以圖像為閱讀重點，從而導致「實指符號」文字對「虛指符號」圖像的驅逐。

圖 8-8　第 39 期第 4 版《錢與命》

在《上海漫畫》的視覺修辭實踐中，所描繪的事件越複雜，漫畫中的文字越多，圖像的地位就越弱。第 59 期中的一幅漫畫描繪了中產階級選擇丁克、窮人卻生好幾個孩子的社會現象，複雜的主題決定了漫畫中文字的統攝地位。圖中，穿著紅色旗袍、悠閒地坐在籐椅裏的摩登女人認為，最累人的便是小孩子，為了看養兒女而自己做牛做馬，消磨了自己快樂的光陰，還是不生的好；西裝革履、坐在書桌前托腮思考的男人認為，現在生活程度高極，

自己血汗換來的錢尚且不夠兩家頭（夫妻）日常的開銷，哪有餘錢顧及小孩子們，倘若要生至少要供他大學畢業，然而實際絕對辦不到，還是不要生的好。與上述經濟相對富足的家庭相反，處於社會底層的夫妻認為兒女成行是人生最大的快樂，所以只管拼命地生孩子，雖然自己已窮到極點，賺來的錢全供孩子衣食，然而也絕不怨歎一聲。智識階層為了個人享樂拒絕生育，而作為國家未來和希望的孩子則更多出生在不重視教育的貧苦家庭，最終導致文化日漸衰落現象。大量的文字使得這幅漫畫更像是配有圖片的短文，處於從屬地位的圖像反倒可有可無。文字的強力慣性使圖像飛揚，脫離文字的圖片只能進入難以確定意義的「漂浮狀態」（福柯語）。〔註8〕

圖8-9　第59期第5版

〔註8〕趙憲章：《語圖互仿的順勢與逆勢——文學與圖像關係新論》，《中國社會科學》2011年第3期，第170～184頁。

在《上海漫畫》中，文字在漫畫中作為「強勢符號」出現往往是「圖不達意」時的「不得已而為之」，更多的漫畫還是採用對話敘事。在對話敘事中圖文權利相互博弈，賦予漫畫更為豐富的意義和趣味。與閱讀後便能獲取信息的文字不同，帶有豐富浮動意義的圖像需要讀者細細品味。曹涵美的漫畫《人生的四個時期》，描繪了處於不同年齡段的男人腦中不同的追求與嚮往。兒童喜愛各式玩具；青年追求窈窕淑女；中年為房子、金錢而奔波勞碌；老年則期待著壽宴時兒孫滿堂。漫畫標題雖然概述了圖像內容，但簡略的文字只是一個引子，漫畫的主角還是意義豐富的圖像。在張光宇的漫畫《小房子》中，房東右手攥著一串鑰匙，左手端著囚禁租戶的牢籠，腳下還有許多小房子掛著巨大的門鎖，被釘死在地面上。雖然漫畫題為《小房子》，但漫畫主角卻是巨人一樣的房東，小房子只是作為背景出現在畫面中，象徵被房租壓迫的租戶們。代表著壓迫者與被壓迫者的圖文相互結合、相互促進地傳遞著意義。當然也有不立文字完全用圖像表達的例子。第9期中張光宇的這幅五格漫畫，沒有一個文字，甚至連標題也不加，但圖像所詮釋的不講公德倒垃圾，最後垃圾成山反倒在自己身上這一自食其果的主題非常清楚，可謂「不著一字，盡得風流」。

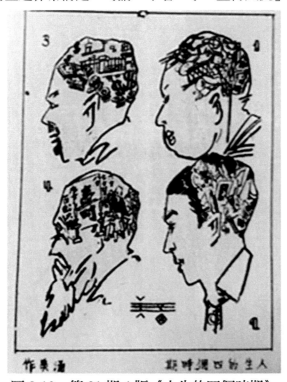

圖 8-10　第 31 期 4 版《人生的四個時期》

圖 8-11　第 22 期 4 版《小房子》

圖 8-12　第 9 期第 85 版

　　在漫畫的釋義體系中，作為知覺對象的語言與圖像雖分屬於不同的敘述語境，但並非相互對立與分割，而是沿著不同的話語管道在互動中綜合作用於意義的生產實踐。二者區別不在於「質」而在於「量」〔註9〕。傳遞著不同信息的語言與圖像相互結合，基於隱喻與聯想搭建起一個具有統一性、合理性與穩定性的認知框架。第 35 期的一幅漫畫中，一胖一瘦兩個女兒為新裝爭吵，父親夾在中間左右為難。姊：「你有旗袍，我也有！」妹：「你有旗袍，我也有！」姊：「你有斗篷，我也有！」妹：「你有斗篷，我也有！」父：「我這件老布長衫穿了二十年了」「……」在女兒們的爭吵聲中，父親的表情與姿勢隨之變化，頭頂的符號也由問號變為驚歎號，最後想到自己多年未添置新衣又變為象徵嗚咽的波浪線。看到掩面哭泣的父親，只顧相互攀比的兩個不孝女頭頂上卻冒出了問號。漫畫圖文在互文敘事中，三個具有戲劇衝突的人物形象躍然紙上。

圖 8-13　第 35 期第 4 版

　　處於不同敘事路徑上的圖文，有時相輔相成，有時相互衝突，在合作或衝突中共同建構漫畫的意義空間。第 51 期的一幅漫畫中有兩個殘疾人，一個拿著單管望遠鏡，一個踩著小板凳，分別寫著「瞧不出——他是一個瞎子」，「瞧不出——他是一個跛子」。注文彷彿是兩則謎語，吸引著讀者在圖像中找尋答案，看似普通的圖像在文字的配合下生產出令人玩味的幽默感與諧趣性。漫畫《一寸光陰一寸金》中，一個學生光著屁股坐在便桶上，手中拿著碗筷，

<hr>

〔註9〕〔美〕魯道夫・阿恩海姆著：《視覺思維——審美直覺心理學》，滕守堯譯，四川人民出版社，2005 年版，第 339 頁。

眼睛卻盯著書本。漫畫似乎在詮釋古人讀書「三上」〔註10〕中的廁上，但勸人珍惜時間的勵志詩句在吃喝拉撒與讀書並行的極端行為面前變得局促不安。違背生理，走入時間誤區的行為消解著文字的說服力，使對話敘事中的圖文充滿了抗爭性。

圖 8-14　第 51 期第 4 版

圖 8-15　第 53 期第 4 版《一寸光陰一寸金》

第二節　視覺刺點：漫畫中的修辭方式

　　分析《上海漫畫》中漫畫圖像的修辭方式首先需要解讀兩個概念，「刺點」

〔註10〕《三上》是宋代文學家歐陽修的一篇散文。文中稱：「余平生所作文章，多在三上，乃馬上、枕上、廁上也。」

（Punctum）與「聚合軸」（Paradigmatic）。漫畫之所以具有「畫外之意」正是通過對處於聚合軸上的「刺點」及其他不在場的視覺元素進行聯想才得以實現的〔註11〕。「刺點」是羅蘭·巴特（Roland Barthes）在《明室》中提出的概念，他將照片的意義分為「刺點」與「意趣」（Studium）。其中，「刺點」是一種儲藏著反常性和破壞性的刺激物，「尖銳而壓抑」〔註12〕，常是畫面中某個引人思索的局部或細節。「聚合軸」是符號學中的概念，任何視覺文本都具有組合軸（Syntagmatic）與聚合軸兩個向度。與只能鄰接與黏合的組合軸不同，聚合軸上的視覺元素可以進行替換，我們在對其中元素進行比較與選擇的過程中實現圖像的聯想。

如第 51 期的一幅漫畫，屏風上懸掛著孫中山先生的遺像及其「天下為公」「革命尚未成功，同志仍需努力」的遺墨，兩側擺放著中華民國青天白日滿地紅國旗和中山裝。但畫面中不見一個人影，從而使上述物品構成視覺「刺點」。標題《布景，道具，服裝》，揭示了漫畫的「畫外之意」：中山先生只是被某些人利用的道具而已，其思想和遺志已被掏空，只剩下一具軀殼了。

圖 8-16　第 51 期 7 版《布景，道具，服裝》

漫畫中的「刺點」常是那些使用修辭手法的各類符號，其中，比喻是最常見的修辭方式。第 29 期的一幅漫畫中，青蛙與瘦得骨節突出的男孩以同樣的姿態俯伏在地。與文本中明喻的語法類似，畫中的小孩是本體，青蛙是喻體，在左右畫面的對比中，圖像呈現出「小孩像青蛙」的視覺明喻形式。受限於圖

〔註11〕劉濤：《隱喻論：轉義生成與視覺修辭分析》，《湖南師範大學社會科學學報》，2017 年第 6 期，第 140～148 頁。

〔註12〕〔法〕羅蘭·巴特：《明室》，趙克非譯，文化藝術出版社，2003 年版，第 83 頁。

像語法，圖像的視覺比喻形式不能像文字一樣擁有豐富的類型，只用呈現喻體圖像的暗喻作為漫畫中最為主要的視覺比喻形式。在曹涵美的漫畫《安樂地坐著，牛馬地肩著》中，女子左攜右抱著五個孩子，坐在一匹人形牛馬的背上，此即暗指為妻兒當牛做馬的男人。顯然，「牛馬」元素是整個畫面中的視覺「刺點」。畫面中醜陋、怪異，極不協調的「牛馬」處於一個含有大量元素的聚合軸之上，「牛馬」的出場排斥與代替著軸上的其他元素。大汗淋漓、全身赤裸的「牛馬」雖留有人類的頭髮與手足，卻儼然一副牲畜模樣。無憂無慮的孩子，俯身微笑的妻子，一家人幸福的情景被雙肘撐地、不堪重負的「牛馬」消解了。

圖 8-17　第 29 期 5 版

圖 8-18　第 25 期 4 版《安樂地坐著，牛馬地肩著》

　　將擁有相似點的多個圖像進行比較，突出本體圖像特徵的視覺對比也常出現在漫畫的修辭實踐中。在《上海漫畫》中，運用視覺對比的漫畫常以上下或左右兩幅圖像組合的形式呈現。兩幅圖像的畫面布局基本相同，而其中不同的部分便是漫畫的刺點。在第45期由葉淺予繪製的一幅漫畫中，右左兩幅圖像畫著同樣空曠的街道，右側只有一輛行駛著的敞篷車，左側只有寥寥的行人。旁注分別為：「汽車夫的心裏最好馬路上沒有行人。」「行人的心裏最好馬路上沒有汽車。」漫畫在對比中展現著汽車夫與行人對路況的不同期許。在張光宇的漫畫《想不到的偉大》中，一隻花貓緊盯著老鼠洞等待獵物的出現。突然，一頭大象出乎意料地破牆而出，將花貓嚇了一大跳。在小與大的對比與衝突中，擁有不同個體經驗的觀者基於過往經歷形成不同的聚合軸，聯想著不同的「想不到的偉大」。在曹涵美的漫畫《一樣的迷眼》中，上圖年輕女人光滑的眼角線上，是一群趨之若鶩競相追逐的男人；下圖女人變老後皺紋滿布的眼角線上，這群男人掉頭而去避之唯恐不及。女人臉上的皺紋與轉身離去的男人成為「刺點」，使讀者思考在兩性關係中，女性因年齡因素對男人造成的不同影響，不禁讓人唏噓感慨。

圖 8-19　第 45 期 4 版

圖 8-20　第 28 期 5 版《想不到的偉大》

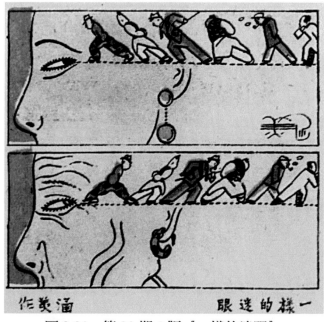

圖 8-21　第 30 期 5 版《一樣的迷眼》

　　鏡子是畫家經常使用的「刺點」之一，鏡中被扭曲、拉長、變形的人物與真實世界中的人物相對比，反映著隱藏在表象背後的真實。第 29 期的一幅漫畫中，一個肥胖的老婦人側身看著鏡中年青苗條的自己的影像，甚感得意。注文道：「她想她的身材並不肥胖到哪裏去呢。」傾斜的鏡子像一雙眼睛，將女子腦中的抽象概念物化為實體，在畫面中拓展出與真實世界相異的虛幻空間。在胖與瘦、真與假的對比中，漫畫幽默地呈現出女子對自身身材聊以自慰的過度自信與自欺。

她想她的身材差不肥胖到那裏去呢

圖 8-22　第 29 期 5 版

　　漫畫標題有時也是畫家提煉出的「刺點」，《點》便是其中的代表。畫家用對比的修辭手法幽默地調侃當時流行的貝雷帽，與標題相呼應，展現動作「點」的局部畫面便是漫畫的「刺點」。點炮仗、點蠟燭、點帽頂尖，漫畫借助炮仗的導火線、蠟燭的燈芯，突出貝雷帽帽頂的樣式。點燃帽子的怪誕行為也為漫畫注入笑料。同樣，黃文農的漫畫《摘星者》將天空中閃閃發光的皇冠比喻為塵世中眾生貪求的權位名利，身處險境的冒死摘星者作為「刺點」刺激著讀者的感官。地面上，眾人紛紛登上雲梯試圖摘取空中之冠，其中一人爬至頂端卻不幸從空中墜落，畫面正中一人也已爬至頂端，頭頂上的皇冠似乎唾手可得，但是單手單腳危立於雲梯之上的他也隨時面臨摔落的可能。漫畫聚合軸上的皇冠、雲梯、權位名利、拼死一搏等元素讓我們聯想到在欲望驅使下迷失的人們。

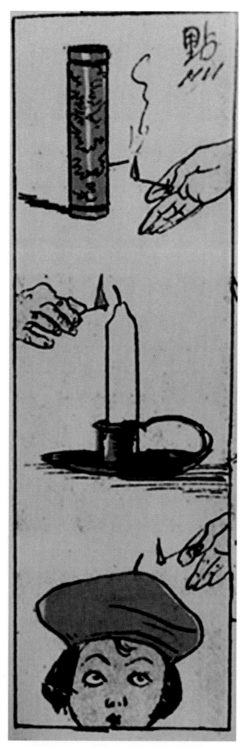

圖 8-23　第 92 期 4 版《點》

圖 8-24　105 期 4 版《摘星者》

　　在諷刺漫畫中，反諷的修辭手法將圖像元素置於衝突之中。帶有反諷意味的元素成為天然的「刺點」，重構著漫畫中的情景意義。第 89 期中黃文農的漫畫《讀者一致贈給他的獎品》，一位穿著長袍馬褂、戴著眼鏡、胸前別著「記者」字條的人，面前堆放著各式各樣、或大或小的獎盃和獎牌。與承載著褒獎含義的常規獎盃不同，畫中寫有「畏首畏尾」「巧言令色」「借題發揮」「不自由」「反舌無聲」「無中生有」的各式獎盃、獎牌作為「刺點」，使畫面產生了一種緊張感，顯然與聚合軸上理應存在的針砭時弊、不畏強權、為民請命等褒義元素相悖。在圖文的褒貶衝突中，漫畫極盡諷刺之能事地批判了那些違背職業道德的新聞記者，無異於一篇聲討無良記者惡行的檄文。1929 年 10 月 12 日，第 77 期《上海漫畫》為紀念當年的「雙十節」，畫了一位清道夫正手持掃帚清理一枚「奎記」彈殼，清道夫說：「今年雙十節，想不到仍舊掃剩一樣東西！」他的背後是立在墳冢邊的「雙十」——兩個十字架。這個「刺點」觸目驚心，極具批判性。「諷刺藝術反映社會生活中的矛盾，既表明矛盾的存在，也表明作者的態度，也就是作者處於矛盾一方的地位。」〔註 13〕

〔註 13〕方成：《幽默・諷刺・漫畫》，北京：三聯書店，1984 年版，第 67 頁。

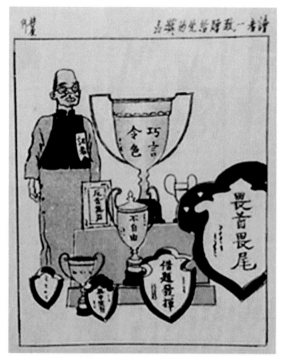

圖 8-25　第 89 期 5 版《讀者一致贈給他的獎品》

圖 8-26　第 77 期 2 版《清道夫》

　　用典也是《上海漫畫》中最常見的修辭方式之一。漫畫中援引前人事蹟或摘取古代典籍中詞句的注文與圖像相結合，豐富了聚合軸的元素，拓寬了觀者的想像空間。第 92 期的一幅漫畫中，一對穿著時髦的情侶走在街頭，看見街角衣不蔽體的乞丐十分困惑，女的發問道：「他怎麼不回去睡呢？」畫中，生活優渥的情侶與發出「何不食肉糜？」疑問的晉惠帝一樣，只識琴瑟果腹，不知民間疾苦。在第 60 期漫畫《只許州官放火 不許百姓點燈》中，手持熊熊燃燒的火把的官吏，一口氣把百姓手中的燈籠吹滅。漫畫借古諷今，規避新聞檢查的同時，婉轉道出畫家的心聲。第 86 期中的漫畫《洛陽紙貴》，街頭報販喊著「夜報小洋一角」兜售。漫畫巧用典故，描繪時局緊張時「壞消息就是好消息」，報紙因此銷路大暢，報館和報販都利市三倍的情景。

圖 8-27　第 92 期第 5 版

圖 8-28　第 60 期 4 版《只許州官放火　不許百姓點燈》

圖 8-29　第 86 期 5《洛陽紙貴》

　　另外，使用同音字替代原本字詞的諧音修辭增加了語言藝術的情趣，並賦予詞彙豐富的聯想。在黃文農的漫畫《梅訊》中，一個男人手持封信站在巨大的梅花樹旁。與梅花同樣豔麗的紅色信封激發出聚合軸上關於「梅訊」與「黴訊」的聯想。方雪鴣的漫畫《俗語說：觸梅頭》同樣用「梅」替換「黴」字。畫中，一個男子拿著長竹竿觸碰枝頭上盛開的梅花。這一動作消解了「觸黴頭」原本的負面詞義，用諧音重新釋義，賦予畫面詼諧感。活躍在聚合軸上的諧音字詞與原本字詞在消解與重構中成為漫畫的「刺點」，擴展著畫面意義的外延空間。

圖 8-30　第 39 期 5 版《梅訊》

圖 8-31　第 41 期 5 版《俗語說：觸梅頭》

　　漫畫中的各類參考線條與背景也是畫家筆下重要的修辭工具。在創作中，畫家會運用線條有意識地將觀者的注意力吸引到預設的「刺點」上來。張光宇的漫畫《過了新年》中，一個男人皺著眉頭，翻出已經空空如也的褲子口袋。畫面上方，由四方匯聚到中央的效果線將觀者的視線集中，男人扭曲的面部表情與頭部兩側的圓點被凸顯出來。六個黑白圓點與四個黑點是麻將六筒與四筒的牌面，揭示了男人的憂愁與口袋空空的原因。麻將、空口袋、過年，成為聚合軸上的關鍵元素，陳述著過年期間在麻將桌上輸個精光的男人。同時，漫畫在描繪抽象對象時常使用視覺借代的修辭手法，將另一具象事物

指代本體。1929 年 1 月，有「奉天小諸葛」之稱的楊宇霆被張學良槍殺在帥府老虎廳，張光宇的漫畫《算到死人手裏去了》描繪了這一新聞事件。畫中用穿著黑袍的骷髏借代抽象的死亡概念，在巨大的死亡魔爪下，楊宇霆所有的老謀深算都顯得十分無助和滑稽。

圖 8-32　第 44 期 4 版《過了新年》

圖 8-33　第 40 期 4 版《算到死人手裏去了》

關於具象概念和抽象概念，葉淺予的漫畫《關於馬》作了充分說明。圖（一）中，車馬、跑馬、蹺蹺馬、馬戲、木馬，全都是具象概念的馬；圖（二）中，馬弁、馬桶、馬屁、馬先生、拉馬，全都是抽象概念的馬。雖然共有一個「馬」，彼此卻風馬牛不相及。

圖 8-34　第 93 期 5 版《關於馬》

第三節　《上海漫畫》整體視覺印象西洋化的觀感

視覺意象可分為三種基本形態：回應語境生成，具有穩定性的原型意象；響應議題建構，反映抽象程度的概念意象；響應符碼表徵，實現結構化的符碼意象〔註 14〕。漫畫中的主導意象是由多個符碼意象組成的集合意象，在同一個意義系統中不同的意象符號形成了一個具有情感與意義的視覺意象。這些集合而成的視覺意象之所以具有相對的穩定性，離不開視覺語境的建構。視覺語境分為三個層次：由圖文搭建而成的互文語境，回溯圖像發生背景的情景語境，審視圖像中社會、政治等文化底色的文化語境〔註 15〕。要分析《上海漫畫》中漫畫的整體視覺印象，首先要瞭解畫家創作的文化語境。

〔註 14〕劉濤：《意象論：意中之象與視覺修辭分析》，《新聞大學》2018 年第 4 期，第 1～9 頁。

〔註 15〕劉濤：《語境論：釋義規則與視覺修辭分析》，《西北師大學報（社會科學版）》2018 年第 1 期，第 5～15 頁。

　　為開拓眼界，學習西方先進的繪畫理論與技法，《上海漫畫》的主創者張光宇、葉淺予常去外國書報攤搜購《笨拙》（Punch）、《紐約客》（The New Yorker）、《名利場》（Vanity Fair）、《時尚》（Vogue）等雜誌。〔註16〕《上海漫畫》的編輯們以西方雜誌為師，在繪畫創作中追隨著其中的藝文流行風尚與視覺形態，使雜誌呈現出「洋化」〔註17〕的觀感。西方文化對《上海漫畫》圖像繪製的影響主要體現在三個方面：一是漫畫中的西方符號，二是西方漫畫畫法，三是對話框、多格漫畫、連環漫畫等現代漫畫形式。

　　漫畫中常見的英文文本、外國人物圖像最為直觀地為《上海漫畫》帶來「洋化」的觀感。在魯少飛的漫畫《魔心不變，人心會變》中，長者犄角和尾巴的人形魔鬼是西方宗教神話中的典型形象。畫中，人們因憤怒而爭論，因憂鬱而酗酒，因悲哀而痛苦，因癡迷而想財，因懊惱而怠惰貪睡，因疑慮而態度失常。被魔鬼跟隨的人們總是飽受著不同苦難的折磨，不論人們因何煩惱，魔鬼總是靜觀著、獰笑著。描繪人心變化的文字與痛苦的男人、駭人的魔鬼圖像形成互文情景。「在場」的文字「錨定」了圖像的集合意象，象徵心中惡念的魔鬼原型意象也增強著漫畫詮釋空間的穩定性。

圖 8-35　第 44 期第 4 版《魔心不變，人心會變》

〔註16〕葉淺予：《葉淺予自傳：細敘滄桑記流年》，中國社會科學出版社，2006 年版，第 106 頁。

〔註17〕王琳：《上海漫畫雜誌的編輯、思想研究（1934～1937）》，《編輯之友》2017 年第 12 期，第 103～108 頁。

在積極學習西方先進的漫畫繪製技法與理論的同時，《上海漫畫》的編輯們嘗試並實踐與中國畫法、文化相結合。20世紀初西方興起兩場對立的美術運動——未來主義與形而上主義。與歌頌科技進步的未來主義畫派不同，形而上主義畫派悲觀地思考著科技成就，批判資本主義社會中的壓迫與病態。1928年11月24日的第32期《上海漫畫》中，張光宇繪製的漫畫《機械的運動》正是誕生在這樣的文化語境中，藉以諷刺資本家對工人的壓榨剝削和機器時代對人的異化。畫中，四個彼此扼住喉嚨的機器人帶動著齒輪永續地轉動著。嘴吹喇叭、眼睛亮燈、耳朵被電線控制的機器人象徵著飽受壓迫的工人。在漫畫繪製的情景語境中，早出晚歸的上海工人不僅被剝削了剩餘價值與休息時間，而且微薄的收入仍無法維持其基本生活，同時還時刻面臨著失業的危機。20世紀初，上海工人窘迫的生存狀況導致了罷工潮的發生。漫畫中，永動機器成為回應剝削的概念意象，詮釋著被異化為機器的工人，用警示性與啟發性的修辭方式表達對工人的關切和對資本家的批判。無獨有偶，1936年美國電影《摩登時代》中，卓別林在奔騰的流水線旁舉著扳手瘋狂擰螺絲以及機器吞人、自動餵飯機器等情節，讓人不禁驚歎於張光宇的前衛和先知。

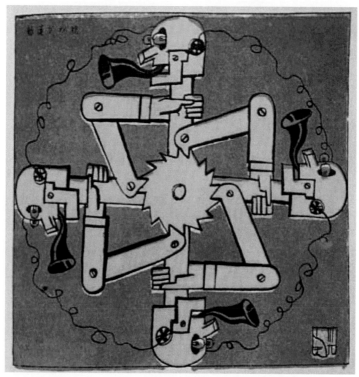

圖 8-36　第 32 期第 4 版《機械的運動》

　　十八世紀，銅板雕刻印刷的單頁漫畫〔註18〕陸續出現在歐洲各國，後來出現了情節連續、富有故事性的漫畫，先是圖下附文字解說，後又出現了氣泡狀的對話框，文字直接成為漫畫的一部分。可以說，對話框與帶有故事性的多格漫畫、連環漫畫是漫畫實現現代性轉型的重要標誌。第 18 期魯少飛的漫畫便使用了氣泡對話框，畫中兩位身穿長衫的老者邊看報紙邊評價著，一個說：「現在的世界真是不像樣子，白話文做做，瞎七搭八夾一點文言，非驢非馬，真是氣數！」另一個回答：「究竟沒有根底，會弄到這種地步。」1920年 1 月 2 日民國政府頒布新法令，廢除文言文，使用白話文。推行與探索白話文的過程中，報刊中出現了半文半白的文章便是漫畫發生的情景語境。對話框中的漫畫文本與迂腐的頑固派圖像形成互文語境，表達了畫家對推行白話文的肯定態度。

圖 8-37　第 18 期第 4 版

〔註18〕王庸聲：《世界漫畫史》，海洋出版社 2008 年版，第 13 頁。

結語──《上海漫畫》的歷史貢獻和當代價值

  《上海漫畫》是 20 世紀上半葉我國最成功的漫畫報刊之一，在中國報刊史和漫畫發展史上都佔有舉足輕重的地位。它所提供的大量豐富圖像連綴起上海社會文化的地圖，對於研究 20 世紀二三十年代的政治、經濟和社會生活都是彌足珍貴的文獻史料。其歷史貢獻與當代價值如下：

一、《上海漫畫》的歷史貢獻

  第一，《上海漫畫》在中國漫畫發展史上具有承前啟後的重要作用。在二十年代中國漫畫界青黃不接的時候，《上海漫畫》打破沈寂，應時而生，推動中國漫畫事業迎來新的高潮。此後，一批有影響力的漫畫報刊相繼問世，進而催生出一個流光溢彩的「漫畫時代」。在此過程中，《上海漫畫》扮演了一個兼具開創性和引領性的重要角色，成為「中國現代漫畫大發展的契機與標誌」〔註1〕。

  第二，《上海漫畫》組織、培養、鍛鍊了一批優秀的漫畫骨幹和新人，為以後漫畫事業的發展儲備了後備力量、增添了新鮮血液，對中國漫畫事業的發展具有奠基和開拓作用。在《上海漫畫》時期，張光宇、張振宇、葉淺予、魯少飛等人都成為現代漫畫的中堅力量，同時他們在三十年代又創辦了一批刊物，發現、培養了更多的漫畫人才，起到了提攜後輩的作用。

〔註 1〕葉岡：《中國漫畫的早期珍貴文獻──〈上海漫畫〉》，見《上海漫畫》合訂影
   印本，上海書店出版社，1996 年 10 月第一版。

第三，《上海漫畫》形成了多種不同的漫畫類型，促進了漫畫表現形式的多元化發展。中國現代漫畫的各種類型在此時期已初步形成，《上海漫畫》不僅刊登了一批有廣泛社會影響的充滿戰鬥性和批判性的政治諷刺漫畫，而且還創作了大量富有藝術性的抒情漫畫、詼諧有趣的幽默漫畫、簡括生動的肖像漫畫、豐富多彩的社會風俗漫畫，以及以《王先生》為代表的連環漫畫。1928 年以前，中國尚無現代意義上的連環漫畫。中國的連環漫畫始於上海漫畫會骨幹人物魯少飛和葉淺予。魯少飛的連環漫畫《改造博士》《陶哥兒》，葉淺予在《上海漫畫》連載的 100 組《王先生》，為我國連環漫畫的創作積累了寶貴經驗。

二、《上海漫畫》的當代價值

第一，《上海漫畫》對漫畫民族化的探索可為當代漫畫藝術創作提供重要借鑒。《上海漫畫》的漫畫家們雖然大都沒有接受過系統的美術教育，但他們根據當時介紹和傳播西洋美術的報刊、書籍和畫集，巧妙地將西方藝術創作規律與傳統中國畫技法、中國傳統藝術審美糅合到一起，創造出具有中國特色的漫畫藝術，極大地提升了中國漫畫的表現力，也使西方漫畫元素更符合本民族的審美習慣，貼近中國讀者的審美趣味。由於這些漫畫家們都具有比較深厚的傳統文化素養，因此他們的漫畫並非古典東方和現代西方藝術的簡單嫁接，在他們筆下展現出的是民族精神和中國氣派，這是值得當代漫畫創作者學習和借鑒的。

第二，《上海漫畫》對當代動漫產業的發展有著重要的啟示意義。動漫產業是我國新興文化產業的一支生力軍。但毋庸諱言，我國動漫產業在國際競爭力方面尚處於弱勢地位，在外來動漫衝擊下，當代漫壇引進、模仿、抄襲之風盛行。中國近現代漫畫是中西藝術融合的產物，在保留民族特徵、對西方漫畫有所借鑒的基礎上，形成了獨特的藝術風格。在中國動畫發展初期，上海美術電影製片廠製作的動畫片《大鬧天宮》借鑒了張光宇 1945 年創作的長篇諷刺漫畫《西遊漫記》而大獲成功，從而開創了國際知名的中國學派動畫。我國動漫藝術家只有充分瞭解中國近現代漫畫向西方學習的歷程，並且真正認識到民族藝術的精髓之所在，才能創造出真正具有國際競爭力和影響力的動漫作品。

參考文獻

專著

1. 《上海漫畫（影印版）》（上、下冊），上海書店出版社，1996 年版。

2. 畢克官：《中國漫畫史話》，百花文藝出版社，2005 年版。

3. 黃遠林：《百年漫畫：1898～1999 中國漫畫點評》，現代出版社，2000 版。

4. 劉一丁：《中國新聞漫畫》，中國青年出版社，2004 年版。

5. 呂澎：《中國當代美術史》，湖南美術出版社，2000 年版。

6. 張光宇：《西遊漫記》，人民美術出版社，2012 年版。

7. 張光宇：《近代工藝美術》，中國美術刊行社，1932 年版。

8. 張光宇：《張光宇集（四卷）》，人民美術出版社，2015 年版。

9. 葉淺予：《漫畫大觀》，中國美術刊行社，1931 年版。

10. 葉淺予：《細敘滄桑記流年》，中國社會科學出版社，2006 年版。

11. 甘險峰：《中國漫畫史》，山東畫報出版社，2008 年版。

12. 唐薇：《張光宇文集》，山東美術出版社，2011 年版。

13. 唐薇、黃大剛：《追尋張光宇》，三聯書店，2015 年版。

14. 唐薇、黃大剛：《張光宇年譜》，三聯書店，2015 年版。

15. 唐薇、黃大剛：《瞻望張光宇：回憶與研究》，人民美術出版社，2012 年版。

16. 王新全、徐鵬堂：《1929 年的故事》，延邊大學出版社，2005 年版。

17. 郁風：《周令釗畫集》，人民美術出版社，2006 年版。

18. 陳星：《豐子愷漫畫研究》，西泠印社出版社，2004 年版。

19. 王庸聲：《世界漫畫史》，海洋出版社，2008 年版。

20. 方成：《幽默・諷刺・漫畫》，三聯書店，1984 年版。

21. 忻平：《從上海發現歷史——現代化進程中的上海人及其社會生活（1927 ～1937）》，上海人民出版社，1996 年版。

譯著

1. 〔英〕彼得・伯克：《圖像證史》，楊豫譯，北京大學出版社，2008 年版。

2. 〔美〕魯道夫・阿恩海姆：《視覺思維——審美直覺心理學》，滕守堯譯，四川人民出版社，2005 年版。

3. 〔法〕羅蘭・巴特：《明室》，趙克非譯，文化藝術出版社，2003 年版。

4. 〔美〕李歐梵：《上海摩登——一種新都市文化在中國（1930～1945）》，毛尖譯，北京大學出版社，2001 年版。

期刊論文

1. 楊昆：《清末與民國時期漫畫期刊發展歷程》，《出版發行研究》，2011 年第 2 期。

2. 章建生、朱家席、蔣蘭惠：《近現代中國漫畫藝術及其思想文化探源》，《藝術百家》，2008 年第 12 期。

3. 王一麗、劉學義：《我國報刊早期漫畫初探》，《編輯之友》，2014 年 10 期。

4. 宋磊：《漫畫在不同國家的稱謂研究》，《藝術探索》，2008 年第 1 期。

5. 郁風：《中國現代美術的先鋒——上海的漫畫時代》，《漫畫世界》，1998 年第 13 期。

6. 沈潔：《文化空間的生成——20 世紀二三十年代上海的印刷與消費主義》，《史林》，2018 年第 5 期。

7. 趙敬鵬：《民國漫畫的創作與研究圖景》，《中國圖書評論》，2018 年第 6 期。

8. 鄭崇選：《上海漫畫中的性別與都市想像——以〈上海漫畫〉和〈時代漫畫〉為中心的考察》，《上海文化》，2016 年第 8 期。

9. （日）阪元弘子：《〈上海漫畫〉裏的「摩登女郎」》，《社會科學報》，2006

年 3 月 23 日。

10. 張煒煒：《從〈上海漫畫〉看雲裳公司對民國上海女裝時尚的影響》，《紡織報告》，2018 年第 11 期。

11. 王琳：《上海漫畫雜誌的編輯思想研究（1934～1937）》，《編輯之友》，2017 年第 12 期。

12. 胡一琳：《〈上海漫畫〉與雲裳公司的時裝廣告》，《文化創新比較研究》，2018 年第 21 期。

13. 黃可：《「冶歐齋主」張聿光》，《上海戲劇雜誌》，2007 年第 6 期。

14. 李鎮：《蜜蜂小姐：梁白波與 20 世紀 30 年代上海漫畫》，《裝飾》，2017 年第 4 期。

15. 胡正強、張龍：《20 世紀三十年代前期中國漫畫新聞刊物中的國家認同及其建構研究——以〈上海漫畫〉（1936.5～1936.6）為例》，《南京理工大學學報（社會科學版）》，2015 年第 4 期。

16. 鄭崇選：《女性身體的誘惑與恐懼——二三十年代上海漫畫中的性別想像》，《濟寧學院學報》，2009 年第 4 期。

17. 朱文濤：《美麗的罪惡：民國漫畫中摩登女性形象的三重批判話語》，《裝飾》，2017 年第 10 期。

18. 馬金嬌：《淺談「漫畫大師——張光宇」對中國現代設計的影響》，《大眾文藝》，2013 年第 11 期。

19. 汪家明：《張光宇：被遺忘的大師》，《中國美術》，2013 年第 1 期。

20. 唐薇：《黃苗子談張光宇》，《美術觀察》，2009 年第 6 期。

21. 唐薇：《張光宇繪〈民間情歌〉初探》，《美術觀察》，2008 年第 6 期

22. 唐薇：《神筆創造神奇——紀念中國動漫先驅張光宇先生》，《東方藝術》，2006 年第 10 期。

23. 《裝飾》編輯部：《裝飾：紀念張光宇特刊》，人民美術出版社，1992 年第 4 期。

24. 魯少飛：《集大成而革新》，《裝飾》，1992 年第 4 期。

25. 劉學明：《張光宇：被滑落的旗幟》，《收藏》，2012 年第 10 期。

26. 周文翰：《張光宇：文化史上的失蹤者》，《企業觀察家》，2012 年第 6 期。

27. 張玉花、劉洋：《張光宇對中國裝飾藝術的影響探析》，《中國民族博覽》，

2020 年第 10 期。

28. 張玉花：《論張光宇漫畫的社會批判性和裝飾性》，《現代文藝研究》，2010
年第 3 期。

29. 張玉花：《論張光宇裝飾藝術的審美意蘊》，《藝術教育》，2010 年第 10
期。

30. 高振平：《淺論張光宇與包豪斯》，《美與時代（上）》，2020 年第 3 期。

31. 高振平：《張光宇藝術實踐的現代性意義研究》，《戲劇之家》，2020 年第
17 期。

32. 李兆忠：《文心璀璨：藝術大師張光宇》，《群言》，2020 年第 7 期。

33. 李兆忠：《令人回味的空白——魯迅與張光宇》，《群言》，2019 年第 3 期。

34. 李兆忠：《張光宇的價值》，《群言》，2018 年第 5 期。

35. 張引、吳冠英：《從東西雜糅到獨樹一幟：張光宇漫畫中的「珂弗羅皮斯
情結」》，《裝飾》，2016 年第 12 期。

36. 張引：《張光宇造型藝術中的「方圓相寓」》，《裝飾》，2018 年第 2 期。

37. 張引：《張光宇裝飾藝術的構圖法則探議》，《美術觀察》，2020 年第 1 期。

38. 高潔：《試論中國傳統元素與西方現代主義美術對張光宇作品的影響》，
《大眾文藝》，2017 年第 1 期。

39. 王鵬傑：《張光宇 20 世紀 30 年代漫畫中的審美現代性》，《美術觀察》，
2017 年第 8 期。

40. 張世彥：《從張光宇到光華路學派（上）》，《中國美術》，2016 年第 4 期。

41. 張世彥：《從張光宇到光華路學派（下）》，《中國美術》，2016 年第 5 期。

42. 王樹良、白冰：《張光宇漫畫創作與民族國家想像》，《文藝理論與批評》，
2016 年第 5 期。

43. 申雪莉：《論張光宇藝術作品中京劇元素的運用》，《美與時代（下）》，2012
年第 5 期。

44. 趙志紅：《張光宇對現代中國裝飾藝術的深遠影響探究》，《蘭臺世界》，
2014 年第 10 期。

45. 吳浩然：《中國漫畫先驅丁悚》，《收藏》，2014 年第 19 期。

46. 倪韻婷：《張光宇裝飾漫畫對中國現代裝飾藝術與設計的影響研究》，《美
術教育研究》，2019 年第 2 期。

47. 劉濤:《西方資料新聞中的中國:一個視覺修辭分析框架》,《新聞與傳播研究》,2016 年第 23 期。

48. 劉濤:《圖繪「西醫的觀念」:晚清西醫東漸的視覺修辭實踐——兼論觀念史研究的視覺修辭方法》,《新聞與傳播研究》,2018 年第 11 期。

49. 劉濤:《語圖論:語圖互文與視覺修辭分析》,《新聞與傳播評論》,2018 年第 1 期。

50. 劉濤:《隱喻論:轉義生成與視覺修辭分析》,《湖南師範大學社會科學學報》,2017 年第 6 期。

51. 劉濤:《意象論:意中之象與視覺修辭分析》,《新聞大學》,2018 年第 4 期。

52. 劉濤:《語境論:釋義規則與視覺修辭分析》,《西北師大學報(社會科學版)》,2018 年第 1 期。

53. 李紅:《再論視覺之勢:傳統、內涵及其合法性——基於中西比較的視野》,《南京社會科學》,2019 年第 2 期。

54. 涂鳴華:《時尚與政治的糾葛:民國時期中國女性燙髮的媒介呈現》,《新聞愛好者》,2014 年第 6 期。

55. 趙憲章:《語圖互仿的順勢與逆勢——文學與圖像關係新論》,《中國社會科學》,2011 年第 3 期。

56. 王琳:《上海漫畫雜誌的編輯、思想研究(1934～1937)》,《編輯之友》,2017 年第 12 期。

57. 蓋勝平:《張光宇裝飾藝術研究》,《裝飾藝術》,2013 年第 12 期。

58. 鄭姍姍:《張光宇藝術作品梳理與藝術探究》,《藝術研究》,2016 年第 5 期。

59. 趙思有:《張光宇的漫畫與動畫藝術》,《浙江工藝美術》,2007 年第 2 期。

60. 黃苗子:《張光宇的藝術精神》,《裝飾》,2008 年第 11 期。

61. 宋少鵬:《社會主義女權和自由主義女權:20 世紀二十年代中國婦女運動內部的共識與分歧》,《中共黨史研究》,2013 年第 5 期。

學位論文

1. 孔新苗:《20 世紀中國繪畫美學》,山東大學文藝學博士學位論文,2005 年。

2. 劉源：《葉淺予：20 世紀中國文化景觀中的畫家個案研究》，中央美術學院美術學博士學位論文，2007 年。

3. 靳衛紅：《論中國 20 世紀繪畫範式的轉變》，南京藝術學院美術學博士學位論文，2006 年。

4. 李濤：《民國時期國立大學招生研究》，西南大學博士學位論文，2014 年。

報刊、年鑒

1. 黃士英：《中國漫畫發展史》，《漫畫生活》，1935 年第 13 期。

2. 汪子美：《中國漫畫之演進及展望》，《漫畫生活》，1935 年第 13 期。

3. 《人口：國內人口：人口十萬以上各城市表》，《申報年鑒》，1933 年。

4. 《國內主要各城市工人人數統計圖》，《全國工人生活及工業生產調查統計報告書》，1930 年。

5. 《六大都市：上海市：上海市戶口人口數》，《申報年鑒》，1933 年。

6. 張振宇：《漫畫會之成立》，《三日畫報》，1926 年第 153 期。

7. 黃文農：《發畫稿以後》，《上海生活（上海 1926）》，1926 年第 3 期。

8. 聞鈴：《漆匠總會與漫畫會》，《北洋畫報》，1927 年第 57 期。

9. 黃士英：《中國漫畫發展史》，《漫畫生活》，1935 年第 13 期。

10. 蘆中人：《女裝談》，《北京畫報》，1930 年第 3 卷第 126 期。

11. 雷歐：《婦女裝束話「寒衣」》，《天津商報每日畫刊》，1936 年第 21 卷第 1 期。

12. 睡青：《婦女裝飾與曲線美》，《五仙漫話》，1930 年第 1 卷第 6 期。

13. 《六個月兩百萬》，《內外什誌》，1936 年第 2 期。

14. 《戰後上海娛樂業》，《現世報》，1939 年第 81 期。

15. 《上海的娛樂》，《玲瓏》，1931 年第 1 卷第 15 期。

16. 誅心：《打倒西裝！國服萬歲！》，《北洋畫報》，1929 年第 317 期。

17. 穎川：《上海之女汽車夫》，《北洋畫報》，1929 年 12 月 6 日第 415 期。

18. 四方：《男人受女人壓迫》，《北洋畫報》，1935 年 2 月 14 日第 1205 期。

19. 青萍：《男人是女人的奴隸》，《青年生活（南京）》，1933 年第 23 期。

20. 阿言：《以女人為中心的中國歷史觀》，《十日談》，1934 年第 26 期。

21. 裘鵬：《談「墮落」》，《壽險界》，1934 年第 2 卷第 2 期。

22. 《婦女研究》，《中華日報新年特刊》，1934 年新年特刊。

23. 陳瘦鶴：《上海閒話》，《上海常識》，1928 年第 60 期。

24. 《汽車數量各國比較表（一九二八年）》，《社會雜誌（上海 1931）》，1931 年第 1 卷第 1 期。

25. 《中國之 Ford 福特汽車》，《商旅友報》，1924 年第 5 期。

26. 舒佩寶：《談談上海的電車》，《大常識》，1930 年第 134 期。

27. 風：《坐上海電車》，《上海常識》，1928 年第 67 期。

28. 裕孫：《上海對於洋貨消費力之偉大》，《銀行週報》，1925 年第 9 卷第 31 期。

29. 子明：《上海人口與輸入物品之消費比例》，《銀行週報》，1922 年第 6 卷第 39 期。

30. 張福年：《上海商業繁盛的原因》，《梅訊》，1924 年第 7 期。

31. 孔憲鏗：《論滬上風俗之奢靡》，《震旦大學院雜誌》，1918 年第 15 期。

32. 《上海特別市政府訓令第二三八三號》，《上海特別市市政府市政公報》，1928 年第 16 期。

33. 徐介才：《思潮片片：物質生活不得自由》，《愛國：愛國女學校校友會年刊》，1924 年第 1 期。

34. 何玉盦、章錫琛：《關於戀愛結婚及擇偶的意見》，《婦女雜誌（上海）》，1923 年第 9 卷第 12 期。

35. 柯白忒：《譯叢：少年擇偶問題之商榷》，《青年友》，1924 年第 4 卷第 2 期。

36. 健孟：《新學說與舊禮教》，《婦女雜誌（上海）》，1923 年第 9 卷第 7 期。

37. 張鎮山：《社會之花與「社會事業之花」》，《婦女生活（上海 1932）》，1932 年第 1 卷第 18 期。

38. 張光宇：《黑白畫家》，《上海漫畫》，1928 年 8 月 18 日第 18 期。

39. 魯少飛：《自殺》，《上海漫畫》，1928 年 8 月 4 日第 16 期。

40. 魯少飛：《上海人》，《上海漫畫》，1928 年 9 月 22 日第 23 期。

41. 葉淺予：《最近上海舞女裝飾一斑》，《上海漫畫》，1929 年 2 月 2 日第 42 期。

42. 《上海全埠人口總數》，《銀行月刊》，1928 年第 8 卷第 10 期。

43. 《上海北平貧民最近統計表》，《長虹週刊》，1928 年第 11 期。

44. 仁士：《上海貧民窟》，《中國漫畫》，1935 年第 2 期。

45. 丁瓚：《從諺語裏探知貧民的困苦》，《生活（上海 1925B）》，1926 年第 1 卷第 31 期。

46. 馮國福：《上海生活近況調查記略》，《稅務專門學校季報》，1921 年第 3 卷第 1 期。

47. 佛：《上海生活》，《上海生活（上海 1926）》，1926 年第 3 期。

48. 《上海市民自殺之統計》，《時兆月報》，1931 年第 26 卷第 5 期。

49. 劍橫：《非非戰公約》，《白日新聞副刊》，1928 年第 32 期。

50 子儀：《中國決定加入非戰公約後的我感》，《革命前鋒》，1928 年第 5 期。

51. 阿斗：《近事雜評：（二十二）明日的蔣介石》，《醒獅》，1929 年第 198 期。

52. 毅韜：《時事評論：新聞記者逼死的黃慧如》，《婦女共鳴》，1929 年第 2 期。

53. 鶴天：《最近中俄問題發生之由來》，《同澤半月刊》，1929 年第 3 卷第 1／2 期。

54. 《上海運土案》，《時兆月報》，1929 年第 24 卷第 1 期。

55. 無畏：《上海之自殺潮》，《黨鋤》，1928 年第 4 期。

56. 朱家驊：《照片》，《世界畫報（北京）》，1928 年第 164 期。

57. 春水：《上海名媛選舉之餘波》，《北京畫報》，1929 年第 57 期。

58. 豈凡：《一般的話：奉勸窮人毋須讀書》，《一般（上海 1926）》，1928 年第 6 卷第 2 期。

59. 伍野春、阮榮：《民國時期的移風易俗》，《民俗研究》，2000 年第 2 期。

60. 《信口開河：揭發仁丹廣告之陰謀》，1930 年第 1 期，《青天彙刊》。

61. 沈梓青：《西裝》，《上海常識》，1928 年第 57 期。

62. 乃振：《上海租房子訣門》，《常識》，1928 年第 1 卷第 49 期。

63. 不才：《上海的交通事業》，《上海常識》，1928 年第 37 期。

64. 張光宗：《上海之電車事業》，《商業雜誌（上海 1926）》，1929 年第 4 卷第 6 期。

65. 李培恩：《電車賣票人揩油是賣國還是愛國》，《生活（上海 1925A）》，

1928 年第 39 期。

66. 芙孫：《上海人坐電車》，《快活》，1922 年第 4 期。

67. 劉成之：《學校通信》，《讀書中學》，1933 年第 1 卷第 1 期。

68. 秀香：《上海電影事業之現狀》，《中國電影雜誌》，1927 年第 1 卷第 5 期。

69. 《上海一日所耗的電影費急賑災民四千六百餘人》，《興華》，1931 年第 28 卷第 15 期。

70. 西神：《上海之電影事業》，《新上海》，1925 年第 1 期。

71. 張葦燾：《上海之電影》，《旅行雜誌》，1930 年第 4 卷第 1 期。

72. 胡伯翔：《上海租界內各公園之開放後》，《上海漫畫》，1928 年 6 月 30 日第 11 期。

73. 蔣平：《舞場閒話》，《國聞畫報》，1928 年第 34 期。

74. 雪妮：《上海舞場述略》，《玫瑰畫報》，1936 年第 2 期。

75. 《陳燕燕三愛：狗、麻將、銀幕工作》，《電影（上海 1938）》，1939 年第 50 期。

76. 潘公展：《推行國曆廢除舊曆的工作》，《上海黨聲》，1930 年元旦特刊。

77. 鏡：《應用文柬摘要：新式婚禮略說》，《京兆通俗週刊》，1919 年第 12 期。

78. 炯炯：《新式婚禮記》，《上海畫報》，1926 年第 95 期。

79. 李廷安：《民國十八年上海腦膜炎流行之經過》，《衛生月刊》，1929 年第 2 卷第 7 期。

80. 《上海市衛生局勸告市民預防流行性腦脊髓膜炎症之傳單》，《廣濟醫刊》，1929 年第 6 卷第 5 期。

81. 沙鷗：《到露天游泳池去（上）》，《上海常識》，1928 年第 31 期。

後　記

　　本書是在楊若男的碩士學位論文《基於視覺修辭理論視角的〈上海漫畫〉研究》基礎上增添修改完成的。該論文曾獲得 2020 年中國社科院大學優秀碩士學位論文。

　　在讀研究生二年級期間，楊若男受導師陳彤旭教授《中外傳媒史研究》課程的啟發，以《城市史下的紐約圖像記憶：〈紐約客〉漫畫的第一個十年》為題，對漫畫報刊研究進行了初次嘗試。其碩士論文以《上海漫畫》為研究對象即受到了這篇論文的影響。楊若男在論文「後記」中說：「在對漫畫報刊的研究中，我坐在新聞傳播史研究的小船上，徜徉於由先鋒、高雅、詼諧、摩登、多樣的圖像文本匯聚而成的五彩海洋中。《上海漫畫》猶如一條時光隧道，伸手觸碰其中的線條與色彩，便會置身於 20 世紀二三十年代的上海灘，時而穿行在充滿濃鬱生活氣息的弄堂，時而流連於繁華熙攘的南京路。撰寫畢業論文的過程雖然辛苦，卻也是幸福和幸運的。幸福於能領略張光宇、葉淺予等大師們的優秀作品，品讀他們的圖像與文字，感受他們的感受，思考他們的思考，尋覓他們的尋覓；幸運於將《上海漫畫》這塊幾乎尚未雕琢冶煉的璞玉渾金作為研究對象，無形中增加了論文的學術價值和填補理論空白的機遇。在對《上海漫畫》豐富多彩的漫畫作品進行分析研讀時，底蘊不足的我常感到力不從心，如入寶山眼花繚亂。所幸的是，在我的導師陳彤旭教授的點撥下，我將視覺修辭理論作為探鏟，從而撬開知識屏障，拓展了研究思路。」

　　對於《上海漫畫》的研究既屬於新聞史研究範疇，也屬於美術史研究範疇，是一個跨學科的研究領域。楊若男的論文側重於新聞史研究的視角，為補其不足，楊立新又從美術史視角進行了開掘拓展，如此就有了這本從雙視

角研究、較為立體展示《上海漫畫》的著作。由於作者水平有限，書中難免有
疏漏和不足之處，懇請廣大讀者批評指正。

楊若男　楊立新
2020 年 12 月 18 日於北京通州運河源